Active Learning 1
アクティブラーニング・シリーズ

アクティブラーニングの技法・授業デザイン

安永悟・関田一彦・水野正朗＝編

東信堂

アクティブラーニング・シリーズの刊行にあたって
[全7巻]

監修者　溝上　慎一

　2014年末に前下村文科大臣から中央教育審議会へ諮問が出され、初中等教育の次期学習指導要領改訂のポイントとしてアクティブラーニングが示された。いまやアクティブラーニングは、小学校から大学までの全学校教育段階の教育を、「教えるから学ぶへ(from teaching to learning)」のパラダイム転換へと導くとともに、学校から仕事・社会のトランジションはじめ、生涯にわたり成長を促す、巨大な思想を含み込んだ学習論となっている。

　英語のactive learningを「能動的学習」「主体的な学び」などと訳したのでは、40年近くこれらの用語を日常的に用いてきた日本の教育関係者にとって決して響くものにはならないだろうと考え、思い切ってカタカナにした。2010年頃のことだった。能動的学習、主体的な学びを用いて再定義、意義を主唱するには、示すべき新しい事柄があまりにも多すぎると感じられたからである(この経緯は、私の前著『アクティブラーニングと教授学習パラダイムの転換』(東信堂、2014年)に書いている)。

　一部の大学で草の根運動的に広まってきたアクティブラーニングが、ここまでの展開を見せるに至ったのには、日本の教育を見つめ、私たちと問題意識を共有するに至った河合塾教育研究開発本部の取り組みがあったこともあげておきたい。

　この用語が、ここまでの展開に繋がるとは当時考えていなかったが、それにしてもこの1年、いい加減なアクティブラーニングの本や解説書が次々刊行され、現場を混乱させていることに私は社会的責任を感じている。少しでも理に適ったアクティブラーニングのガイドブックを教育関係者に届けたいと思い、今後の小中学校への導入も予期しつつ、すでに実際に授業に取り組んでいる高校・大学の先生方を対象に本シリーズの編纂を考えた次第である。

本シリーズでは、文部科学省の「アクティブ・ラーニング」ではなく、監修者の用語である「アクティブラーニング」で用語統一をしている。第4巻で、政府の施策との関連を論じているので、関心のある方は読んでいただければ幸いである。また、アクティブラーニングの定義やそこから派生する細かな意義については、監修者のそれを各巻の編者・執筆者に押しつけず、それぞれの理解に委ねている。ここは監修者としては不可侵領域である。包括的用語(umbrella term)としてのアクティブラーニングの特徴がこういうところにも表れる。それでも、「講義一辺倒の授業を脱却する」というアクティブラーニングの基本的文脈を外している者はいないので、そこから先の定義等の異同は、読者の受け取り方にお任せする以外はない。
　「協同」「協働」については、あえてシリーズ全体で統一をはかっていない。とくに「協同(cooperation)」は、協同学習の専門家が長年使ってきた専門用語であり、政府が施策用語として用いている、中立的で広い意味での「協働」とは厳密に区別されるものである。各巻の執筆者の中には、自覚的に「協働」ではなく「協同」を用いている者もおり、この用語の異同についても、監修者としては不可侵領域であったことを述べておく。
　いずれにしても、アクティブラーニングは、小学校から大学までの全学校教育のパラダイムを転換させる、巨大な思想を含み込んだ学習論である。この用語を入り口にして、本シリーズがこれからの社会を生きる生徒・学生に新たな未来を拓く一助となれば幸いである。

第1巻『アクティブラーニングの技法・授業デザイン』(安永・関田・水野編)
第2巻『アクティブラーニングとしてのPBLと探究的な学習』(溝上・成田編)
第3巻『アクティブラーニングの評価』(松下・石井編)
第4巻『高等学校におけるアクティブラーニング:理論編』(溝上編)
第5巻『高等学校におけるアクティブラーニング:事例編』(溝上編)
第6巻『アクティブラーニングをどう始めるか』(成田著)
第7巻『失敗事例から学ぶ大学でのアクティブラーニング』(亀倉著)

第1巻　はじめに

　本シリーズにおける本巻の役割は大きく二つある。一つは、アクティブラーニングと称される様々な学習活動(あるいは授業方法)の要である、学習者同士の生産的な関わり合い(相互作用)について、関わり方を規定する活動や課題の構造を協同学習という理論的視座から検討することである。もう一つはジグソー法、ケースメソッド、そして反転授業といったアクティブラーニングの中でも注目される学習方法や授業デザインを紹介しながら、そうした技法・方法の背後にある理論や視点について、ハウツーを超えた理解を読者に促すことである。以下、各章がどのように関連し合い、この役割を果たそうとしているか、簡単に前触れして「はじめに」に代えたい。

　第1章では「構造化」をキーワードとして、様々な学習活動の手順明示の実際とそのねらいについて解説している。筆者の安永はLTD学習法の第一人者である。LTD自体は何をどのように学び合うのか、といった一回の授業における課題と活動の両方を構造化した協同学習法であるが、構造化は一つの授業の中に限定されるものではなく、コース(学期)全体を通じた授業設計の上からも考慮されねばならない。

　第2章は協同学習の視点から、学習者間の生産的な相互作用の効用について述べている。今般、アクティブラーニングに期待されるものは、単に学習内容に関する深い理解の促進だけではなく、多様な他者と協同する態度の育成や協働しての新たな知の創出である。こうした視点から、アクティブラーニングにおける協同学習の働きを考えておきたい。

　第3章では、直面する課題や疑問から始まる話し合いを深化させる方法について、学習課題の立て方と学習者の関わり方の両方から、筆者(水野)自身の授

業事例を踏まえつつ考察している。特に、話し合い活動を介して、知識の習得から深化がどのように促進されるのか、そのプロセスが述べられている。

　第4章はジグソー法と呼ばれる学習方法の中でも、知識構成型ジグソーについて解説している。筆者の益川は、同じアクティブラーニングでも、知識定着・正解到達型のものと知識構成・目標創出型のものがあり、知識基盤社会においては後者の学習活動が重要になっているという立場である。知識構成型ジグソーは3章で示された深い理解に導く手法の一つとしても有力であり、4章では、その活動手順が簡明に紹介されている。

　第5章では、アクティブラーニングを生み出す授業デザインとしての反転授業について解説する。ここで筆者の森は、知識定着型のものに対して能力育成型にアクティブラーニングを分けている。そして、双方の特長を認めつつ、知識定着型が従来の講義において課題であった、学生の主体的な学びを促す効用を強調している。

　第6章はアクティブラーニングを組み込んだ授業デザインとして、ケースメソッドを用いた筆者自身の事例を紹介する。筆者の川野は、長い理科教員生活を経て、大学教員になった。そして、自身が慣れ親しんできた教師主導の一斉講義方式から離れ、コース全体を通じたケースメソッドの導入を試みている。5章までに様々語られてきた構造化の具体例としても、主体的な学びを生み出す授業デザインとしても参考になるだろう。

　アクティブラーニングは、教授から学習へのパラダイム転換の過程で生じる授業実践の工夫である。そこには様々な工夫があり、そのいくつかには技法・方法としての名称がついている。そして、工夫は様々であっても、その目的は学習者の主体的な学びを支援・促進することである。そのための留意点をデザインと技法・方法という視点から考える機会の一つに、本巻がなれば幸いである。

編者を代表して　　関田　一彦

シリーズ第1巻
アクティブラーニングの技法・授業デザイン／目　次

アクティブラーニング・シリーズの刊行にあたって ……………………… i
第1巻　はじめに ……………………………………………………………… iii

第1章　協同学習による授業デザイン：構造化を意識して　　3
　　　　　　　　　　　　　　　　　　　　　　　安永　悟

第1節　アクティブラーニングの定義と技法 ……………………………… 4
　（1）アクティブラーニングの定義と特徴………4
　（2）アクティブラーニング型授業を支える学習法………5
第2節　協同学習とは ……………………………………………………… 6
　（1）協同学習の定義………6
　（2）協同学習の基本要素………7
　（3）「協同の精神」による授業づくり………8
　（4）協同学習の技法と構造………9
　（5）協同学習の効果………11
第3節　協同学習の場づくり …………………………………………… 12
　1．グループの編成と配置………12
　（1）グループの人数と構成………12
　（2）グループの再編………13
　（3）グループの形と配置………13
　2．雰囲気づくりと基本事項の説明………13
　（1）構造化した自己紹介の手順………14

(2) 基本事項の説明………15
第4節　協同学習を基盤とした授業づくり…………………………15
　　(1) 対話中心授業………16
　　(2) 協同による授業展開の例………18
第5節　まとめ：構造化と協同の精神 …………………………………20
まとめ ……………………………………………………………………21
●さらに学びたい人に ……………………………………………………23

第2章　アクティブラーニングを支えるグループ学習の工夫
　　　　　——協同学習の視点から見える実践の留意点
　　　　　　　　　　　　　　　　　　　　　　　　　　　　　24
　　　　　　　　　　　　　　　　　　関田　一彦

第1節　今求められるアクティブラーニングの特徴 ………………24
　　(1) アウトプットの重視………25
　　(2) 相互交流の保障………26
　　(3) 授業外の学習活動の増進………27
　　(4) フィードバック（点検活動）の工夫………29
第2節　協同学習の特長………………………………………………29
　　(1) 復習ペア………30
　　(2) クイズ-クイズ-トレード（QQT）………30
　　(3) 共通するポイント………33
　　(4) グループ学習の弱点に備える………34
　　(5) 切磋琢磨と協同学習………35
第3節　アクティブラーニング手法を入れた授業に
　　　　協同学習の技法を組み込む ……………………………36
　　(1) ポスターセッション………37
　　(2) ディスカッションと建設的討論法………39
第4節　グループ活動の評価と振り返り ……………………………40

(1) 協同学習の評価………40
　(2) 学びとしての振り返り (Assessment as Learning) ………41
　まとめ …………………………………………………………… 42
●さらに学びたい人に……………………………………………… 44

第3章　学びが深まるアクティブラーニングの授業展開
　　　　　——拡散／収束／深化を意識して　　　　　　　　　45
　　　　　　　　　　　　　　　　　　　　　　　水野　正朗

第1節　グループは目的ではなく手段 ………………………… 45
第2節　事例分析——源氏物語速読課題における協同的問題解決方略 … 47
第3節　教材の本質を貫く「柱となる」学習課題 …………… 52
第4節　「生きた知識」と「死んだ知識」……………………… 55
第5節　学習課題における共同性の原理 ……………………… 58
第6節　知的学習のサイクル構造と学習の転移 ……………… 60
　(1) 知的学習のサイクル構造………60
　(2) 集団的な知識のネットワーク構造………62
　まとめ …………………………………………………………… 64
●さらに学びたい人に……………………………………………… 66

第4章　知識構成型ジグソー法　　　　　　　　　　　　　67
　　　　　　　　　　　　　　　　　　　　　　　益川　弘如

第1節　新たな疑問や問いが生まれる対話へ ………………… 67
第2節　知識構成型ジグソー法の誕生まで …………………… 68
　(1) 子どもたちが協力して学ぶためのジグソー学習法………69
　(2) メタ認知を高めるジグソー学習法の活用………71

第3節　知識構成型ジグソー法の背景と流れ ………………………… 74
　(1) 建設的相互作用………74
　(2) 知識構成型ジグソー法の流れ………75
第4節　正解到達で満足しない学習活動にするための工夫 ………… 78
第5節　目標創出型の授業づくり判定基準 …………………………… 81
第6節　カリキュラム・マネジメントと実践コミュニティ ………… 84
まとめ ……………………………………………………………………… 85
●さらに学びたい人に …………………………………………………… 87

第5章　アクティブラーニングを深める反転授業　　　　　　　88
　　　　　　　　　　　　　　　　　　　　　森　朋子

第1節　はじめに ………………………………………………………… 88
第2節　反転授業の新しさは何か ……………………………………… 90
第3節　アクティブラーニングとしての反転授業 …………………… 91
　(1) 浮かび上がったアクティブラーニングの課題………92
第4節　反転授業のデザイン …………………………………………… 93
　(1) アクティブラーニングの授業デザイン………93
　(2) 反転授業のデザイン………94
　(3) 反転授業の実践………95
第5節　反転授業の学びの構造 ………………………………………… 99
　(1) 〈教える〉の位置づけ………99
　(2) 内化と外化………102
第6節　反転授業の可能性とその課題 ………………………………… 106
まとめ ……………………………………………………………………… 107
●さらに学びたい人に …………………………………………………… 109

第6章　ケースメソッド ……………………………………………110
川野　司

第1節　はじめに ………………………………………………………… 110
第2節　ケースメソッドとは何か ……………………………………… 110
　(1) ケースメソッドの歴史………110
　(2) 主体的な学びを育成する授業………111
　(3) ケースメソッドと事例研究の違い………113
第3節　ケースメソッドによる授業の実際 …………………………… 114
　(1) ケースメソッド授業はどんな授業か………114
　(2) ケースメソッド授業のシラバス………114
　(3) ケース教材………117
　(4) ケースメソッド授業の進め方………120
　(5) ケースメソッド授業の評価………122
第4節　ケース分析のやり方 …………………………………………… 123
第5節　ケースメソッド授業の成果と課題 …………………………… 124
　(1) 授業成果………124
　(2) 今後の課題………126
第6節　なぜケースメソッドなのか …………………………………… 127
まとめ ……………………………………………………………………… 128
●さらに学びたい人に …………………………………………………… 129

索　引 ……………………………………………………………………… 130
執筆者紹介 ………………………………………………………………… 130

装幀　　桂川　潤

シリーズ 第1巻

アクティブラーニングの技法・授業デザイン

第1章

協同学習による授業デザイン：構造化を意識して

安永　悟（久留米大学）

　中央教育審議会の答申に「アクティブラーニング」が初めて取り上げられたのが2012年8月の「質的転換答申」である。それ以後、2014年12月の「高大接続答申」を経て現在に至るまで、アクティブラーニング（以下ALと略記する場合がある）による教育改革への期待が一層高まっている。大学教育に端を発した今回の改革の特徴は、ALをキーワードとする小学校から大学までの一貫した授業改善と言える。

　これまで協同学習(Cooperative Learning)の観点から「活動性の高い授業づくり」(安永, 2012)を標榜し、その実現に向けて小学校から大学までの授業づくりに参画してきた筆者としては、ALによる授業づくりには大きな期待を持っている。筆者らによるこれまでの理論的・実践的研究から判断しても、授業の活動性を高める協同学習の効果は大きく(石丸・安永, 2015: 佐々木, 2013: 須藤・安永, 2010, 2011, 2014：宇治田, 2015)、同じ志向性を持つALによる授業づくりも、これからの日本教育において重要な役割を担うと考えている。

　この期待とは裏腹に、ALによる授業改善に関して筆者は少なからず危惧の念を抱いている。それは、これまでAL型授業を体験したことのない教師が、AL型授業をどれほどうまく実践でき、期待される成果を挙げられるだろうかという危惧である。多くの場合、ALは小グループの教育的活用を前提としている。残念ながら、高校や大学の現役教師の多くは、単なるグループ学習はともかく、質の高い効果的なグループ学習についての知識と経験が

絶対的に不足している。そのような教師にとってAL型授業をどのように組み立て展開すればいいのか、雲をつかむような話ではなかろうか。

　この現状をどう乗り越えるか。AL型授業についての教師の知識と経験を高め、学校種に応じたAL型授業をいかに展開すべきか。これは、小学校から大学までAL型授業の導入・展開が指針として示された現状において、日本の教育界全体として取り組み、解決すべき喫緊の課題と言える。

　この課題を解決するために、本章では協同学習に着目し、協同学習の観点からAL型授業の導入と展開について検討する。最初に、ALの定義と技法について簡単な確認を行う。その上で、協同学習の基本的な考え方と方法、および期待される効果を、グループ活動や授業の構造化の観点から説明する。

第1節　アクティブラーニングの定義と技法

(1) アクティブラーニングの定義と特徴

　先の「質的転換答申」において、中央教育審議会(2012)は、大学教育の課題を「従来のような知識の伝達・注入を中心とした授業」、つまり「学生からみて受動的な教育の場」では「生涯に亘って学び続ける力、主体的に考える力を持った人材」は育成できないと指摘した上で、この問題状況を乗り越える手立てとしてALに言及している。そこではALを「教員と学生が意思疎通を図りつつ、一緒になって切磋琢磨し、相互に刺激を与えながら知的に成長する場を創り、学生が主体的に問題を発見し解を見出していく能動的学修(アクティブ・ラーニング)」と定義し、知識伝達・注入型授業からAL型授業への転換の必要性を強調している。

　このALの一般的特徴として次の6点を指摘できる(松下, 2015)。

(a) 学生は、授業を聴く以上の関わりをしていること
(b) 情報の伝達より学生のスキルの育成に重きが置かれていること
(c) 学生は高次の思考(分析、統合、評価)に関わっていること

(d)学生は活動(例：読む、議論する、書く)に関与していること
(e)学生が自分自身の態度や価値観を探求することに重きが置かれていること
(f)認知プロセスの外化を伴うこと

　これらの特徴を読めば、一つひとつは理解できたつもりになる。しかし、自分の授業で、これらの特徴を含んだ活動を、どのようにして学生から引き出せばいいのか、その具体策は見えてこない。この理論と実践の乖離を埋めることが、最も大きな課題となる。そこで参考になるのがAL型授業の実践例であり、その授業を支える学習法である。

> **各巻との関連づけ**
> 第4巻の「大学教育におけるアクティブラーニングとは」と題する**第2章（溝上慎一）**でも、アクティブラーニングの定義、ならびに、政府のいわゆる『質的転換答申』（2012年8月28日）の「アクティブ・ラーニング」との共通点、相違点を説明しています。また、**同章**では、講義＋アクティブラーニングの複合概念としての「アクティブラーニング型授業」と、学習としての「アクティブラーニング」との理論的分別もはかっています。

(2)アクティブラーニング型授業を支える学習法

　AL型授業は、多くの場合、グループに依拠した学習法が採用されている。その代表例として、大学教育を中心に注目を集めているのが、PBL問題解決型学習法(Problem Based Learning)、プロジェクト型学習法(Project Based Learning, Group Investigation: GI)、反転学習(Flipped Learning)、TBL(Team Based Learning)、LTD話し合い学習法(Learning Through Discussion)、ジグソー学習法(Jigsaw)などである。
　これらの学習法を導入した授業は典型的なAL型授業としてしばしば例示されている。その結果、上記の学習法を授業に導入・実践することがAL型

授業であると狭く捉えている教師も多い。しかし、ALを促す学習法は多種多様である。たとえばBarkley, Major, & Cross(2014)は、話し合いや教え合い、問題解決などに分類される35の技法を紹介している。また、ジェイコブズ・パワー・イン(2005)も協同学習を基盤とした基本的な学習技法を数多く紹介している。

さらに、日本の教育現場では、小学校や中学校を中心に、長年にわたり数多くの小グループを用いた学習法が開発されている。また、それらを組み込んだ授業づくりが盛んに行われ、すでに豊かな研究と実践の蓄積がある。たとえば、「学び合い学習」や「バズ学習」、「仮説実験授業」や「総合的な学習の時間」、「体験学習」や「実験」や「実習」などは、実践方法にもよるが、先にあげたALの特徴を満たすことのできる学習法であり教授法といえる。これら、日本の教育界においても馴染み深いグループ学習を活用した授業づくりも、AL型授業と言える。

日本の教師にとって経験の乏しい学習法、それも多くは欧米から導入された学習法にこだわることなく、すでに日本の教育文化に根ざしたグループを基盤とした学習法を再評価し、その質を高めることにより、いま求められているAL型授業が実現できるという点を強調しておきたい。

第2節　協同学習とは

グループに依拠した学習法の効果を高めるのが協同学習の理論であり方法である。協同学習はALを理解する上できわめて重要な役割を果たす。溝上(2014)も「AL型授業の基本理解は協同学習の論に求めることができる」と指摘している。ここでは協同学習の基本事項を説明する。

(1) 協同学習の定義

協同学習は、学生たちがともに課題に取り組むことにより、自分の学びと仲間の学びを最大限に高めようとする、小グループを活用した指導法である

（ジョンソン・ジョンソン・ホルベック, 2010）。ともに成長を願う学生たちが切磋琢磨しながら真剣に学び合う学習ともいえる。協同学習は単なるグループ学習の技法ではない。教育理論である。教育理論としての協同学習を理解した上で学習技法を活用すると大きな成果を得ることができる。

(2) 協同学習の基本要素

　単なるグループ学習と協同学習を区別するためにジョンソンら（2010）は次に示す5つの基本要素を挙げている。

①肯定的相互依存：グループの学習目標を達成するために、メンバー全員が基本的な信頼関係に基づき、各自の持つ力を最大限に出し合い、仲間同士が互いに依存し合うことを肯定的相互依存と言う。目標達成の障害となる「ただ乗り」のような相互依存は否定的と見なされる。

②個人の2つの責任：メンバー一人ひとりに2つの責任が求められる。一つは自分の学びに対する責任であり、もう一つは仲間の学びに対する責任である。仲間が理解できていなければ自分の支援が足りなかったと反省し、積極的に支援することが求められる。

③促進的相互交流：メンバー同士が積極的に交流しなければ学習効果は期待できない。協同学習は学生同士が対面して積極的に交流し、教え合い、学び合うことを基本としている。

④社会的スキルの促進：効果的なグループ学習を実現するために必要となる学習スキルや対人関係スキルがある。それらのスキルを学生が獲得できていなければ、教師は意図的に教え、積極的な使用を促す必要がある。

⑤グループの改善手続き：グループ学習の質を高めるために、学習活動の建設的な評価が求められる。学習活動における自他の言行を振り返り、何をつづけ、何を止めるべきかを考える。仲間を区別したり、批判したりすることが目的ではない。

これら5つの基本要素が満たされているグループ学習を、単なるグループ学習と区別して協同学習と呼ぶ。むろん、すべての要素が最初から満たされていることはない。とくに「肯定的相互依存」や「個人の2つの責任」は理解できたとしても行為に移すことは難しい。日々の授業の中で意識して訓練する必要がある。これら5つの基本要素がすべて達成されているとは言えないが、その達成を意識しながら積極的に取り組んでいるグループ学習も協同学習と呼んで構わない。

　また、ケーガン（Kagan, 1994）は協同学習の基本要素として「相互依存」「個人の責任」「参加の平等性」「活動の同時性」の4つを挙げている。これらの基本要素が備わっているグループ活動を協同学習と呼んでいる。その内「相互依存」と「個人の責任」はジョンソンら（2010）の「肯定的相互依存」と「個人の2つの責任」とほぼ同じ内容である。異なる理論家が協同学習の基本要素として認めているだけに両者は協同学習にとって重要な要素と言える。

　一方、「参加の平等性」と「活動の同時性」は、授業に導入したグループ活動が協同学習になっているかを判断するために実践場面で使いやすい規準となっている。「参加の平等性」とは、グループの全てのメンバーが同じ程度、目に見える学習活動に参加している状態を指す。一人が1回話せば仲間も1回ずつ話すことが、ここで言う平等である。一人が話し続けることは平等とは言えない。また「活動の同時性」とは、目に見える具体的な活動を、授業に参加している多くの学生が同時に行うことを指す。たとえば、話し合いの場合、ペアであれば50％の学生が、4人グループであれば25％の学生が同時に「話す」ことになる。平等性を担保し、同時性が高まるようにグループ活動を構造化することが協同学習を効果的に機能させる基本となる。

(3)「協同の精神」による授業づくり

　協同学習の基本要素が満たされたグループ活動を繰り返し経験することで、クラス内に基本的な信頼感が醸成され、疑問に感じたことや理解できないことを素直に出し合える支持的な雰囲気が形成される。その中で、仲間と心と

力を合わせて学習目標を達成することの素晴らしさを実感し、協同の意味と価値の認識が深まる。その結果として「協同の精神」が育つ。協同の精神とは、学習目的の達成に向け、仲間と心と力を合わせて、自分と仲間のために真剣に学ぶことを是とする信念である。

協同の精神に基づく学び合いでは安易な妥協は許されず、真剣に学び合う姿勢が求められる。グループの学習目的を達成するために、ときには意見のぶつかり合いが必要となる。単に、メンバーに共通した意見を見つけてまとめたり、誰か一人の意見を採用したりすることではない。意見のズレ（葛藤）を見つけ出し、それを解消するために意見を戦わせることが求められる。真摯な話し合いを通して、それまでになかった、より望ましい解をともに創り出すことである。その過程においては侃々諤々の議論が生じることも当然あり得る。人間関係を重視した「仲良しグループ」による緩やかな学び合いとは対極にある学習活動と言える。これはまさに切磋琢磨の世界であり、それを根底で支えているのが協同の精神である。

協同学習による授業づくりは、協同の精神を醸成することが主要な教育目的の一つであり、醸成された協同の精神を活用して、さらに深い学びを実現する授業づくりとも言える。

> 各巻との関連づけ
> 第5巻の「**数学におけるアクティブラーニング**」と題する**第1章（石山信幸）**でも、協同の精神に基づくアクティブラーニング型授業を紹介しています。

(4) 協同学習の技法と構造

協同学習には授業づくりに活用できる構造化された多くの技法がある。構造化とは、学習目的を達成するために、協同学習の考え方に沿って、グループや授業における活動を分節化し、具体的な手順を構成することである。構造化の程度を高めることにより、協同学習の経験知が低い学生であっても、

質の高い効果的な学習を楽しめる。協同学習の技法は長年の実践を通して鍛えられているだけに、技法の手順を忠実に再現することにより一定の学習効果が得られる。

　協同学習の技法に共通する基本的な構造が「課題明示→個人思考→集団思考」の流れである。課題明示とは、グループ活動の目的と、そこに至るまでの手続き、および個々人が行うべき活動内容を、事前に、学生に明示することである。活動内容の明確な指示と、その徹底により、学生たちはすぐさま積極的に活動できる。個人思考は集団思考の準備であり、明示された課題に対する自分なりの意見を練ることである。その上で、集団思考に参加すると質の高い効果的なグループ活動が実現する。逆に、自分の意見を持たずにグループ活動に入ると、積極的には発言できず、他者の意見を聴くだけの受動的な活動になりやすい。

　集団思考では、まず、学生一人ひとりが自分の意見を「ほぼ同じ時間」を使って紹介する。一人が話し過ぎてはいけない。他者が発言しているときは傾聴が鉄則である。発言内容が理解できない場合は、相手の発言内容を復唱して自分の理解の確認を求める。そして、全員の発言が終わった後、各自の意見の違いを手がかりに対話を深めていく。

　この協同学習の基本構造に依拠した最も簡単な技法がシンク・ペア・シェア(Think-Pair-Share：TPS)であり、ラウンドロビン(Round Robin: RR)である。TPSの手続きは下記の通りである。

　①課題明示：教師がクラス全体に話し合いの課題を与える。
　②個人思考：学生は与えられた課題について自分の意見をまとめる。
　③集団思考：学生はペアになり、一人ずつ自分の意見を、ほぼ同じ時間を
　　　　　　　使って述べる。その後、話し合いを通して、課題に対する理解を深め、
　　　　　　　ペアとしての意見をまとめる。
　④まとめ：必要に応じてクラス全体で意見を交換し、共通認識をつくる。

各段階に割りふられる時間は、話し合いに対する学生の慣れや課題内容など、TPSを導入する際のさまざまな条件を加味して決められる。筆者は、大学生を相手にTPSを使う場合、個人思考を30秒から1分間、集団思考を3分間程度とすることが多い。割りふる時間はできるだけ短めに設定し、短時間に集中してテンポよく話し合いができるグループ活動を心がけている。

　RRの手続きはTPSと同じである。両者の違いはペアかグループかの違いである。TPSがペアで行う活動であるのに対してRRは3人以上のグループで行う活動である。より多くのメンバーと幅広い意見交換をさせたい場合、TPSよりもRRが適している。

(5) 協同学習の効果

　協同学習を基盤とする授業では、授業内容にかかわらず、認知と態度の同時学習が生じる。

　認知とは授業内容の理解や知識、さらにはスキルなどを含む認知能力全般を指す。協同学習により、もともとの学力の高低にかかわらず、学生の成績が伸びることが知られている(バークレイら, 2009)。また、学習スキル、読解スキル、コミュニケーションスキル、対人関係スキルなどの向上も認められている(Mandel, 2003; 安永・藤川, 1998; 安永・江島・藤川, 1999)。

　態度とは、協同に対する認識や、学びに対する動機づけ、学習や学習仲間や学校に対する見方などを含む。協同学習を繰り返すことで、協同に対する認識が改善し、学習に対する動機づけが高まり、学業や対人関係に対する認識が改善される(長濱・安永・関田・甲原, 2009; 山田, 2011)。

　この認知と態度の同時学習により、科目内容の学習指導と、訓育的な学生指導が1つの授業の中で実現できる。しかも科目内容に縛られず、すべての授業で実現可能である。これは、協同学習を基盤とした授業づくりの大きな魅力となる。

第3節　協同学習の場づくり

　AL型授業の成否は、その中核に位置するグループ学習の効果に依存する。グループ学習の効果を高めるには上記の協同学習が有効である。そこで本節では、グループ学習の質を高める学習の場づくりについて、協同学習の観点から説明する。採り上げる内容は、グループの編成と配置、および学習活動の雰囲気づくりと基本事項の説明である。

1. グループの編成と配置

　効果的なグループ活動を演出する第一歩はグループ編成にある。グループ編成の方法は多様である。最もふさわしい、定式的なグループ編成法があるわけではない。学習目的や、グループ活動に対する学生の慣れや、学生の特性、学生同士の人間関係などに応じて、その都度、最もふさわしいグループ編成を心がけることが基本である。その際、グループの人数と構成がまず問題となる。

(1) グループの人数と構成

　筆者は異質な4人グループを多用している。4人グループは、ペア・ワークも含め、多様なグループ活動を組みやすい。4人で割り切れないときは5人のグループを組むことが多い。3人だと2対1に分かれやすい。6人以上になると社会的手抜きが生じやすくなる。

　異質なメンバーでグループを構成する理由は学習効果を高めるためである。効果的なグループ学習は、メンバー間の意見の違いを、話し合うことで乗り越えるところに生じる。意見の違いは同質のグループよりは異質なグループで生まれやすい。

　なお、異質なグループ編成の基準は多様であっていい。学力や性別、興味関心、年齢や学年、所属や専門領域などが基準となりうる。グループ学習の目的と照らし合わせて、異なる意見が出やすいメンバーでグループを組むの

が望ましい。

(2) グループの再編

　グループをつくるとグループ替えの時期と頻度が問題となる。これらもまた最もふさわしい時期や頻度があるわけではない。学習目的の達成にとって最も効果が期待できる時期を捉えて再編する。結果として頻度が決まる。

　とくに初回のグループ再編は気を遣う。授業開始当初はグループの再編を控え、メンバー間の基本的な信頼関係の醸成を第一に考える。基本的信頼感ができ、協同の精神がクラスに行きわたった頃を見計らって最初のグループ替えを行う。初回のグループ替えでは心理的な抵抗も少なからずある。しかし、協同の精神がクラス全体にあれば、新しい仲間とも上手くやっていけるという自信が持てて、新しいグループへの速やかな適応を促す。

(3) グループの形と配置

　グループ学習ではグループの形と教室内の配置が問題となる。たとえば4人グループを基本とする場合、理想は4人が車座のイメージで、できるだけ近づいて座れる工夫が必要である。可動式の教室であれば、4人の机を「田」の字に動かして「島」を作るのが一般的である。その際、教師が教室内のどこへでも素早く移動できるように通路を確保することが大切である。なお、グループの形と配置は、授業開始前に決めておき、授業中に机の配置を変更する場合は、必要最低限の変更がスムーズに、そして静かにできるように計画することが大切である。

　机が固定した教室も、座り方を工夫することでグループ学習に使える(安永, 2012)。

2. 雰囲気づくりと基本事項の説明

　新しいグループを編成するとメンバーは少なからず緊張している。効果的なグループ学習を演出するためには、メンバー間の緊張を解く必要がある。

そのために、さまざまなアイスブレーキングが試みられている。

筆者は、一つの方法として、協同学習に沿って構造化した自己紹介を導入している。その際、構造化した自己紹介を手がかりに、協同学習の基本構造や基本技法、さらには傾聴やミラーリングなど話し合いの基本スキルを解説している。

(1) 構造化した自己紹介の手順

自己紹介では最初に、図1-1をスライドで示しながら、その目的、内容、手順を説明する(課題明示)。自己紹介の目的は仲間全員のフルネームを言えて書けることである。一人の自己紹介は1分間で、話す内容も予め指定している。名前を覚えやすくするために、名前の漢字や由来などの関連する情報を添えながら紹介することを求める。

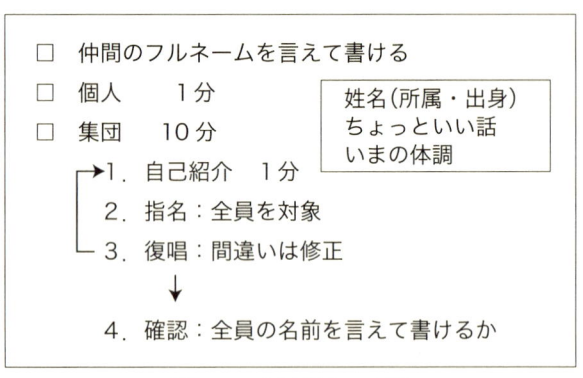

```
□ 仲間のフルネームを言えて書ける
□ 個人    1分           姓名(所属・出身)
□ 集団    10分          ちょっといい話
  ┌→1. 自己紹介  1分    いまの体調
  │  2. 指名：全員を対象
  └─ 3. 復唱：間違いは修正
       ↓
     4. 確認：全員の名前を言えて書けるか
```

図1-1　自己紹介の手順

自己紹介を始める前に、個人で自己紹介の内容を考える(個人思考)。時間は1分間である。自己紹介の準備ができたら、次の手順に沿って、実際に自己紹介を行う(集団思考)。まず一人が自己紹介する。自己紹介が終わると、仲間の一人を指名して、自分の自己紹介の内容を復唱してもらう。復唱がうまくいったら、復唱した人が自分の自己紹介を行う。終わったら先ほどと同様に、仲間の誰かを指名して復唱してもらう。指名する相手はすでに自己紹

介を終えた人でも構わない。このようにして全員の自己紹介と復唱が終わったら、実際に仲間のフルネームを言えて書けるか確かめる。集団での自己紹介は10分間である。時間が余ったら、関連した情報交換を続けることを求める。

簡単な自己紹介ではあるが効果は大きく、自己紹介を通して急速にメンバー間の緊張は解け、話しやすい雰囲気が醸成される。

(2) 基本事項の説明

上記の自己紹介には、協同学習の観点から、学生の活動性を高めるいくつかの工夫がなされている。自己紹介を体験した後に、それらの工夫についてクラス全体で共有する。その際、少なくとも上記で説明した協同学習の基本構造「課題明示→個人思考→集団思考」と基本技法（TPSとRR）に加え、話し合いの基本的なスキルである傾聴とミラーリングに言及している。

傾聴とは、話し手に正対し、目を見ながら、話の内容を真剣に聴くことである。また、ミラーリングとは、自分が発言する際、前に話した人の内容を復唱してから発言することである。先の自己紹介では、仲間の自己紹介を復唱することが求められていた。これがミラーリングである。ミラーリングが誰にあたるかわからないので、メンバー全員の傾聴の姿勢が自然と強められる。傾聴とミラーリングは対話を活性化する強力なスキルであるこのことを体験的に理解させ、実際のグループ活動で積極的に実践することを常に意識させている。

第4節　協同学習を基盤とした授業づくり

質の高い効果的なグループ学習の基盤となる学びの場づくりは一朝一夕にできるものではない。まず、教師自身が協同学習についての知識と経験を高め、協同の精神の大切さを実感する必要がある。その実感に基づき、教師が自分の言葉で協同の精神の大切さを学生に語りかけることが協同学習による授業づ

りの第一歩となる。その上で、協同の精神を発揮しやすいように協同学習を基盤として授業を構造化する。そのような授業を繰り返すことにより、学生の協同の精神が鍛えられ、主体的かつ積極的に学べるようになる。本節では協同学習に基づき構造化された授業の一例として「対話中心授業」紹介する。そして、学習技法の体系化の観点から授業科目全体の構造化について検討する。

(1) 対話中心授業

対話中心授業とは、学生の活動性を高めるために、協同学習に基づき授業のあらゆる場面に対話の機会を数多く組み込むように構造化した授業である(安永, 2012)。授業内容には縛られず、すべての講義型授業を対話中心授業に作りかえることができる。

対話中心授業(1コマ90分)の展開例を**表1-1**に示す。この流れに沿った授業の展開方法と留意点を次に述べる。

表1-1　対話中心授業1コマ(90分)の構造

授業の段階	活動内容	配分時間
1．導入	初めの挨拶	5分
2．見通し	授業の目的と手順の明示	3分
3．復習	授業通信による前時の振り返り	15分
4．展開	教授学習ユニットを用いた展開	55分
5．振り返り	授業記録紙による本時の振り返り	10分
6．まとめ	終わりの挨拶	2分

①導入　授業はクラス全体の挨拶で始まる。挨拶を通して、学生の状態やクラス全体の雰囲気も把握し、必要に応じて指導する。

全体での挨拶に続き、グループ内で挨拶をさせる。「ちょっといい話」や「いまの体調」を話題としながら一人ずつ発言する機会を与える。グループでの挨拶は全体で3分程度であるが、学び合える雰囲気づくりに役立つ。

②見通し　挨拶につづき、本時の内容と構成をスライドで示す。授業全体

の「見通し」を共有することで、学生は主体的かつ能動的に学ぶことができる（課題明示）。

③**復習** 対話中心授業の重要なツールの一つが「授業通信」である。以下で言及する「⑤ 振り返り」で得られた学生の意見や感想や質問を採り上げ、教師のコメントを加えて、まとめたものが授業通信である。分量はA4判用紙両面1枚から2枚である。

復習では、授業通信を、まず個人で読ませる（個人思考）。時間は分量により異なるが5分〜7分である。その後、RRの手順に沿って、一人ずつ、授業通信で気になった点を挙げて、自分の意見を述べ、仲間と対話させる（集団思考）。仲間との対話時間は6分程度である。グループ活動が終了した後、質問や意見があればクラス全体で採り上げ、対話することもある。

④**展開** この段階は**表1-2**に示す「教授学習ユニット」に沿って展開する。まず、教師は教えるべき内容を説明する（内容説明）。その後、説明内容の理解を深める目的で仕組んだ課題を学生に伝える（課題明示）。学生は、課題に一人で取り組み（個人思考）、その後グループで取り組む（集団思考）。グループごとに取り組んだ内容をクラス全体で共有する（理解共有）。そして最後に、必要であれば教師が活動のまとめを行い、理解の定着をはかる（個人定着）。対話中心の濃密な授業が展開すると、教師によるまとめは必ずしも必要とはならない。

表1-2 教授学習ユニットの構造と活動内容

段階	活動主体	活動内容
1．内容説明	教師	科目内容の解説
2．課題明示	教師	学習活動・課題の明示
3．個人思考	学生	課題との対話
4．集団思考	学生	仲間との対話
5．理解共有	学生	クラス全体との対話
6．個人定着	（教師）	まとめと展開

学生全体によるまとめや、学生個人によるまとめも選択肢となり得る。
　この教授学習ユニットに必要とされる時間は、授業で取り上げる内容や学生の状態によって変わる。最初は、15分以内に教師の説明を終えることが一つの目安となる。最初から説明時間が長いと学生は注意散漫になる。ただし、教師による説明の後、繰り返し仲間との対話を求めると、学生の側に傾聴の構えが徐々に獲得され、集中が持続するようになる。それに応じて説明時間を延ばすこともできる。

　⑤振り返り　ここでは「授業記録紙」を用いた振り返りを行っている。授業記録紙はA4判用紙1枚であり、表面には授業に関する評価項目を載せている（項目例として、安永, 2012が参考になる）。裏面には、授業に関する意見感想や質問を自由に記入できる記載欄を設けている。授業記録紙への記入には、書くことの訓練も含まれており、学生には終了の合図があるまで書き続けることを求めている。

　⑥まとめ　必要に応じて教師が授業内容を簡潔にまとめ、伝達事項を伝える。最後に、90分間共に学んだグループの仲間に感謝の気持ちを伝え、クラス全体で挨拶をして授業を終える。

(2) 協同による授業展開の例

　授業一コマの構造化と同様、授業科目の教育目的を達成するために、授業科目全体の構造化も必要である。ここでは筆者が勤務校で展開している大学初年次教育科目の「教養演習Ⅰ」を参考に、協同学習の観点から授業の構造化について述べる。

　①授業の概要
　「教養演習Ⅰ」は、新入生の大学生活への円滑な移行を援助することが目的である。そこには、大学生活への適応に必要な基本的生活習慣の獲得と、大

学での学びに必要な学習態度と方法の育成が含まれる。なかでも主体的かつ能動的な学習法を身につけることと、論理的な言語技術を獲得し、対話力と文章作成能力の向上が中心的な達成目標となっている。

受講生は心理学科1年生約95名である。授業は週1回1コマ90分授業である。グループ編成では性別を考慮した4人グループを基本とし、人数調整のために5人グループを作っている。授業期間中、2度ほどグループ替えを行っている。なお、授業担当者は筆者1名であり、2名のTAの支援を得ている。

②授業の構造化と技法の活用法

「教養演習Ⅰ」の教育目的を達成するために、授業内容としては大学における生活習慣や授業の受け方、言語技術を取り上げている。授業方法としては、本章で検討してきた協同学習を基盤とした授業づくりを行っている。その概要を図1-2に示す。授業内容の詳細や、使用した具体的な学習法についての詳しい説明は他に譲るとして、ここでは授業全体を構造化する際に考慮した学習技法の体系的・重層的な活用について説明する。

本章の第1節「(2)AL型授業を支える学習法」で指摘したように、PBLやTBL[1]、または反転学習と呼ばれる学習法を授業に導入することで、AL型授業に期待される効果が得られると考えている教師が少なからずいる。確か

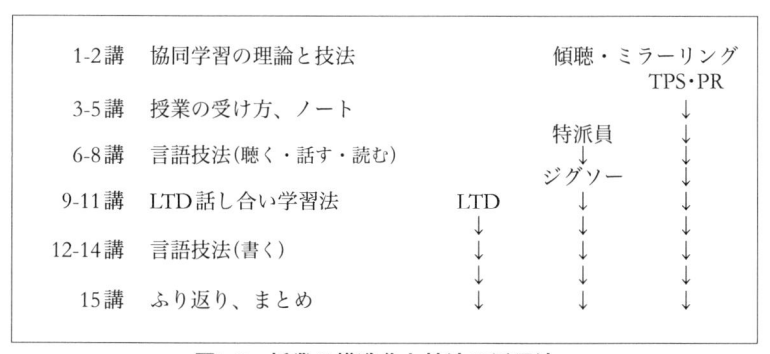

1-2講	協同学習の理論と技法				傾聴・ミラーリング
					TPS・PR
					↓
3-5講	授業の受け方、ノート				↓
				特派員	↓
6-8講	言語技法(聴く・話す・読む)			↓	↓
				ジグソー	↓
9-11講	LTD話し合い学習法		LTD	↓	↓
			↓	↓	↓
12-14講	言語技法(書く)		↓	↓	↓
15講	ふり返り、まとめ		↓	↓	↓

図1-2　授業の構造化と技法の活用法

に、それらの学習法はこれまでの研究や実践を通して構造化されており、一定の効果は期待できる。しかしながら、そのような学習法を導入しただけではAL型授業に求められる本来の授業効果は得られない。これまでの説明からわかるように、グループ活動を組み込んだ学習法の成果を高めるためには、指導にあたる教師も、実際に学ぶ学生も、協同学習についての知識と経験が必要となる。

「教養演習Ⅰ」は、協同学習についての知識と経験を高めることを第一に構造化した。図1-2に示すように、第1講では、異質なグループを構成し、自己紹介を通して、協同学習の基本的な考え方や技法、話し合いの基本スキルである傾聴やミラーリングなどを体験的に理解させる。また、協同の精神の有用性を大学生活と関連づけながら解説している。これを皮切りに最終講に至るまで、常に協同学習を意識させ、それらの技法やスキルを意識的に使用するよう繰り返し求めている。基本的な技法やスキルに学生が慣れてきたら、より複雑な技法である「特派員」や「ジグソー学習法」を導入し、授業の中で活用する。さらには、論理的な言語技術の獲得に有効であることが知られている「LTD話し合い学習法」(安永・須藤, 2014)を導入している。

このように、授業科目全体を通して使用する学習法を体系化し、重層的に活用することで、協同学習の基本的な考え方や、グループ学習に求められる具体的なスキルを学生は獲得できる。ここまで育った学生を前提に、PBLやTBL、GIなどの複雑なグループ学習を導入したAL型授業を展開すると、AL授業に本来求められている成果を期待できる。

実際、「教養演習Ⅰ」を通して、2か月間の間に、批判的思考態度や協同作業の認識、ディスカッション・スキルなどに対する自己認識の向上が認められている(安永・須藤・松永・徳田, 2014)。

第5節　まとめ：構造化と協同の精神

協同学習は授業の活動性を高めるために、本章で繰り返し言及した「構造

化」という手段を使う。これまでの説明からもわかるように、協同学習の観点からグループや授業を構造化することにより、個々の学生とクラス全体の活動性を高めることができる。

　協同学習を説明する際、構造化を強調するために、協同学習とはグループや授業を構造化することであるといった認識を持つ教師もいる。これは間違った認識ではないが、協同学習の全体像を正しく捉えているとは言えない。構造化はあくまでも手段であり、目的ではない。最終的には、誰から指示されることなく、つまり外からの構造化がなくても、自ら協同の精神を発揮し、仲間と協力・協調し、活動性の高い学び合いができる、本当の意味での主体的な学習者の育成を目指している。まだ協同の精神が十分に育っていないときは、構造化を通して学生の活動を支援する。徐々に協同の精神が醸成されると、それに応じて構造化の程度を低減する。協同学習は、協同の精神を体得した、一人ひとり自律した主体的な学習者を育成することを最終目的としている。この点をとくに強調しておきたい。

まとめ

- アクティブラーニング型授業に期待される本来の教育成果を引き出すためには、協同学習の理論と方法が有用である。
- 協同学習は、学生たちがともに課題に取り組むことにより、自分の学びと仲間の学びを最大限に高めようとする、小グループを活用した指導法である。
- アクティブラーニングに期待されている活動性の高い授業を展開するためには、協同学習に基づく構造化が有効である。
- 構造化とは、学習目的を達成するために、協同学習の考え方に沿って、グループや授業における活動を分節化し、具体的な手順を構成することである。

注

1　TBLはTeam-Based Learningの略である。TBLは授業で採り上げる学習課題に関する基本的な知識を学習者が事前に学習（予習）した上で授業に臨む。授業では事前学習で獲得した基礎知識を応用した学習課題に取り組ませる。

文献

バークレイ, E. F.・クロス, K. P.・メジャー, C. H. (2009).『協同学習の技法：大学授業の改善手引き』(安永 悟監訳) ナカニシヤ出版.

Barkley, E. F., Major, C. H. & Cross, K. P. (2014). *Collaborative Learning Techniques: A Handbook for College Faculty*, 2nd ed. San Francisco: Jossey-Bass.

中央教育審議会 (2012).『新たな未来を築くための大学教育の質的転換に向けて － 生涯学び続け、主体的に考える力を育成する大学へ －（答申）』文部科学省.

中央教育審議会 (2014).『新しい時代にふさわしい高大接続の実現に向けた高等学校教育、大学教育、大学入学者選抜の一体的改革について － すべての若者が夢や目標を芽吹かせ、未来に花開かせるために －（答申）』文部科学省.

石丸文敏・安永 悟 (2015).「知的障害特別支援学級における協同学習の試み －小学校算数科「あまりのあるわり算」の実践 －」『協同と教育』11号, 43-53頁.

Jacobs, G. M., Power, M. A., & Inn, L. W. (2002). *The Teacher's Sourcebook for Cooperative Learning: Practical Techniques, Basic Principles, and Frequently Asked Questions*. Thousand Oaks, CA: Corwin Press. ジェイコブズ, J.・パワー, M.・イン, L. W. (2005).『先生のためのアイデアブック』(関田一彦監訳・伏野久美子・木村春美訳) ナカニシヤ出版.

Johnson, D. W., Johnson, R. T., & Holubec, E. J. (2002). *Circles of Learning: Cooperation in the Classroom* (5th edition). Edina, MN: Interaction Book Company. ジョンソン, D.・ジョンソン, R.・ホルベック, E. (2010).『学習の輪（改訂新版）；学び合いの協同教育入門』(石田裕久・梅原巳代子訳) 二瓶社.

Kagan, S. (1994) *Cooperative Learning*, 2nd ed. San Juan Capistrano, CA: Resources for Teachers, pp.8:3, 8:9, 12:1.

Mandel, S. M. (2003). *Cooperative Work Groups*. Thousand Oaks, CA: Corwin Press.

松下佳代 (2015).「ディープ・アクティブラーニングへの誘い」松下佳代（編著）『ディープ・アクティブラーニング』勁草書房, 1-27頁.

溝上慎一 (2014).『アクティブラーニングと教授学習パラダイムの転換』東信堂.

長濱文与・安永悟・関田一彦・甲原定房 (2009).「協同作業認識尺度の開発」『教育心理学研究』57巻, 24-37頁.

佐々木美奈子 (2013).「協同学習で学生が変わる：学生の学び合いと教師の同僚性」『看護教育』54巻8号, 656-661頁.

須藤文・安永悟(2010).「PISA型読解力を育成するLTD話し合い学習法の実践：小学5年生国語科への適用」『協同と教育』6号, 122-124頁.

須藤文・安永悟(2011).「読解リテラシーを育成するLTD話し合い学習法の実践：小学校5年生国語科への適用」『教育心理学研究』59巻4号, 474-487頁.

須藤文・安永悟(2014).「LTD話し合い学習法を活用した授業づくり：看護学生を対象とした言語技術教育」『初年次教育学会誌』6巻1号, 78-85頁.

宇治田さおり(2015).「協同学習を取り入れて変わったグループ活動の方法と効果」『看護教育』56巻8号, 610-617頁.

山田慧美(2011).「協同の認識と学校適応の関係：中1ギャップをてがかりに」『久留米大学大学院心理学研究科 修士論文』.

安永悟・江島かおる・藤川真子(1999)「ディスカッション・スキル尺度の開発」『久留米大学文学部紀要（人間科学編）』12・13号, 43-57頁.

安永悟・藤川真子(1998).「ディスカッション・イメージ尺度の再検討」『久留米大学文学部紀要（人間科学編）』12・13号, 33-41頁.

安永悟(2012).『活動性を高める授業づくり −協同学習のすすめ−』医学書院.

安永悟・須藤文(2014).『LTD話し合い学習法』ナカニシヤ出版.

安永悟・須藤文・松永有希子・徳田智代(2014).「LTDを基盤とした対話中心授業モデルの検討−批判的思考の育成を手がかりとして−」『初年次教育学会第7回大会発表論文集』, 98-99頁.

●さらに学びたい人に

◉ ジェイコブズ・パワー・イン(2005).『先生のためのアイディアブック：協同学習の基本原則とテクニック』日本協同教育学会（ナカニシヤ出版）.
▶協同学習の入門書として定評のあるテキストである。協同学習の基本的な考え方や技法、協同学習の導入準備や実践上の留意点などを学ぶことができる。

◉ 杉江修治(2011).『協同学習入門：基本の理解と51の工夫』ナカニシヤ出版.
▶日本の教育現場での実践に根ざした協同学習の入門書である。授業づくりにおいて留意すべき点が簡潔にまとめられており、協同学習を目指す者にとって必読の書である。

◉ バークレイ・クロス・メジャー(2009).『協同学習の技法：大学授業の改善手引き』ナカニシヤ出版.
▶協同学習の理論的な理解を深めるのに有効である。加えて、目的別に30の協同学習の技法が紹介されており、大学における授業づくりの具体的な指針となる。

第2章

アクティブラーニングを支えるグループ学習の工夫
──協同学習の視点から見える実践の留意点

関田　一彦（創価大学）

　かつて筆者は、D.Johnson, R.Johnson, & C.Smith（1991）*Active Learning in College Classroom* という本を翻訳した(『学生参加型の大学授業』玉川大学出版部, 2001）。これは大学の授業におけるAL導入ガイドとして、アメリカの協同学習の研究者が著わしたものである。そこでは、講義型の授業においてどのように学生たちをアクティブな学習に誘うか、協同学習の視点からさまざまな技法や授業デザインが紹介されている。本章では、我が国におけるアクティブラーニング（以下ALと略記する場合がある）導入の背景を意識しつつ、そうした技法や考え方のいくつかを解説的に述べてみたい。

第1節　今求められるアクティブラーニングの特徴

　第1章でも触れられているが、中央教育審議会は2012年の「質的転換答申」(p.9)において、現状の大学教育の課題と対処を次のようにまとめている。

> 　従来のような知識の伝達・注入を中心とした授業から、教員と学生が意思疎通を図りつつ、一緒になって切磋琢磨し、相互に刺激を与えながら知的に成長する場を創り、学生が主体的に問題を発見し解を見出していく能動的学修（アクティブ・ラーニング）への転換が必要である

ALといっても、授業における教員と学生の間の情報の流れが一方向な状態(講義を"聞く"だけの受け身な状態)に対する、双方向(教員との質疑)あるいは多方向(学生間の話し合い)な状態にある授業の総称であるといった捉え方や、PBLやジグソー学習のような具体的な授業手法と伝統的な講義法と区別するための呼称とする捉え方など、さまざまである(詳しくは本シリーズ第1巻を参照されたい)。上記の答申ではとくに、多方向な学習活動が生起する場の提供と学習活動への参加の保障が要請されているように見える。

(1) アウトプットの重視

　ALの捉え方に多少の異同があるにせよ、その要件として、インプット(知識の受容)に対するアウトプット(知識の活用)の量(頻度)は、質とともに重要である。「知識の注入」というメタファに沿う限り、いかに講義内容(知識)を正しく伝達するか、いかに早く注入するか、といった教員側の作業効率に関心が集まることになる。しかし「伝達・注入」が中心では、注入される側の許容量は軽視され、超えた分は溢れ出してしまう。

　そこで、「教員が知識を注入する」から「学生が知識を摂取する」、授業の主人公を学生に置き換えた「摂取・消化」のメタファで考えたい。人は活動に見合ったカロリーを摂取することで、健康を維持している。カロリーの高い食事をしても、摂取した分を燃焼させてしまえば体重は増えない(少なくとも、余分な脂肪はつかない)。むしろ、激しい運動をしてカロリーを大きく消費したなら、積極的なカロリーの補充が必要になろう。

　取り入れた情報を関連づけ、学んだことを使って問題を解き、新たな成果物を創るアウトプット作業が前提にされることで、消化は促進されるのである。ここで、アウトプットするには何らかの表出行為が必要である。これを溝上(2014)は「能動的な学習には、書く・話す・発表するなどの活動への関与と、そこで生じる認知プロセスの外化を伴う」として強調している。アウトプットのさせ方、あるいはアウトプットする機会の与え方がALを具体化する技法の焦点と言えるだろう。

> 第4巻の「**大学教育におけるアクティブラーニングとは**」と題する**第2章（溝上慎一）**で、溝上の「**能動的な学習には、書く・話す・発表するなどの活動への関与と、そこで生じる認知プロセスの外化を伴う**」の意味を詳しく説明しています。

各巻との関連づけ

(2) 相互交流の保障

　先の引用の中に「教員と学生が意思疎通を図りつつ、一緒になって切磋琢磨し、相互に刺激を与えながら知的に成長する場を創り、……」とある。この文の主語は「教員と学生」であり、一緒に切磋琢磨するのは教員と学生である。これは、教員と学生はともに、その専門領域を学び深めるコミュニティの一員であり、協働して新たな知を創造する仲間である、という協調/協働学習(collaborative learning)の典型的な考え方の反映であろう(Bruffee, 1999)。しかし、基礎知識の習得が最重要視されるいまの高校では、生徒と教師が一緒に新たな知を創造するなどということは、理想論というより夢想・妄想の類とされてしまうかもしれない。創造のための協調・協働作業を確かなものにするALは、大学にあっても容易ではない。

　ここで一つ強調したいことは、個人で黙々と課題に取り組む学習だけでは、時代が求めるALとはなりにくいということである。教師との切磋琢磨や仲間同士の相互研鑽は、孤独な学習者ではなく、周囲を巻き込んだ学習活動を愉しむ、まさにアクティブは学習者がイメージされている。こうなると、他者との交流を学習の前提とする授業づくりが必要になってくる。静かに聴講していても、講師が伝える情報の処理に頭がフル稼働しているならALだろう、という指摘はもっともなようだが、上記の答申が求めているALは、他者との協調/協働を前提とするものである。

　視点を少し移してみよう。言語活動の充実を謳った最近の学習指導要領の背景となる基本的な考え方について、文部科学省(2011)は次のように説明する。

> 知識基盤社会の到来や，グローバル化の進展など急速に社会が変化する中，次代を担う子どもたちには，幅広い知識と柔軟な思考力に基づいて判断することや，他者と切磋琢磨しつつ異なる文化や歴史に立脚する人々との共存を図ることなど，変化に対応する能力や資質が一層求められている。

つまり、ALには、思考力、判断力、表現力そして協調的課題解決力といった変化に対応する能力の育成に(しかも切磋琢磨しつつ異文化の人々との共生をはかる体験を伴う)指導方法としての働きが期待されている。これは学んだ知識・技能を課題解決に活用しようとする態度育成を強調する学校教育法[1]にも通底する視点である。

> 各巻との関連づけ
> 第4巻の「**大学教育におけるアクティブラーニングとは**」と題する**第2章(溝上慎一)** では、学習において相互交流をおこなうこと、他者との協調/協働をおこなうことが、「学習の社会化」であると論じています。

(3) 授業外の学習活動の増進

大学教育の質的改善を謳った2012年の答申では、その改革の始点を授業外学修時間の増加に求めている(**図2-1**)。学習の質を問う前に、学習量の増加を確かにし、結果として質の向上を期待しようというのである。

授業外学習に費やす時間の減少は、大学生に限った問題ではない。高校段階でも顕著になっている。とくに、受験エリートと呼ばれるようなトップ層ではなく、その次に来る比較的成績の良い生徒たちの学習時間の低下が指摘されている(Benesse教育研究開発センター，2013)。授業以外ではとくに勉強しないのが当たり前といった姿勢の(言い換えると、授業外で学習する習慣が十分

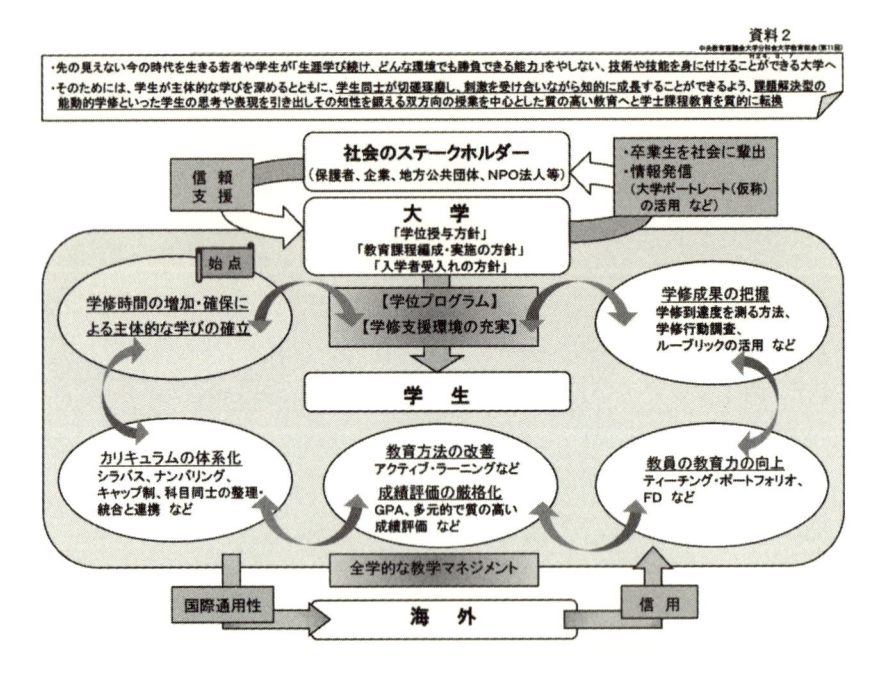

図2-1 学士課程教育の質的転換に向けた好循環のイメージ

に身についていない)生徒が大量に大学に入学し、その姿勢のままに大学生活を送ろうとするのである。こうした、授業外に進んで机に向かう習慣のない学生を、主体的に授業外学習に向かうように誘う効果もALに期待されていることは明記しておきたい。

　授業外学習時間の増加を促す動機づけに着目すると、便宜的に授業内喚起型と授業外喚起型に分けることができるかもしれない。授業内喚起型は授業内の教師や学友との交流によって動機づけられ、授業内での自らのパフォーマンス(課題遂行・応答)を維持向上させるために、自主的に授業外学習時間を増やすものである。一方、授業外喚起型はグループ・プロジェクトなど、もともと授業外での仲間との活動を前提とする課題に取り組むものである。PBLやサービス・ラーニングがこの典型である。

　どちらのタイプも仲間同士の交流・共同作業が学習意欲喚起に大きな働きを

するが、授業外喚起型は課題自体の魅力や取り組む意義も学習意欲の大きな源泉になる。授業内喚起型は課題自体の魅力とともに、あるいはそれ以上に、仲間との協同の力が大きく働く。課題自体は面白くないと感じても、自らの取り組みが授業時に質される機会も多く、授業時の仲間との有意義な交流に必要な準備を怠るわけにはいかない。一コマの授業時間の短い高校は当然として、大学の授業内容を考えると、授業内喚起型の技法をまずは磨いておきたい。

(4) フィードバック(点検活動)の工夫

ALで案外見落とされがちなのが、授業外の学習成果を授業内で学生相互に点検させる工夫である。取り組みの成果を点検しなければ、学生にとって手応えを感じにくいし、手抜きも増える。点検は取り組みの直後が効果的であり、最後に定期試験で測ればよいというものではない。

ただし、点検されるから渋々課題をこなす、という気持ちでは能動的な学習は起こりにくい。教師が小テストを頻繁に行い、その良否で成績を決めるような取り組みだけで、学生の主体性を高めるのは難しい。そこで、学友同士の成果点検が重要になる。そこには、学友の前で不甲斐ない自分を見せたくないという気持ちも働くであろうが、それ以上に、自分の成果を認めてもらいたい、自分の考えを聴いてもらいたい、一緒に考えを深めたい、といった肯定的な気持ちの高まりがある。学生同士の課題に関する真剣な話し合いはALの要件には違いない。一般に社会的促進と呼ばれるグループダイナミクスが、新たな課題に取り組む意欲の源泉になっていく。

第2節　協同学習の特長

協同学習の理論家は多い。前章では、その中でも代表的なデービッド・ジョンソンとスペンサー・ケーガンの考え方が紹介されている。この節でも彼らの推奨する技法を例に、協同学習の特長について考えてみる。

(1) 復習ペア

協同学習として、ジョンソンたちが推奨する活動の一つに復習ペアがある(ジョンソン, D・ジョンソン, R・スミス, 2001)。手順を表2-1に示す。なお、復習ペアと呼称されているが、教員があらかじめ提示した予習範囲の理解度点検問題の答え合わせなどにも使うことができる。関連して、宿題の答え合わせを学生同士で行わせた後に、任意に学生を指名して点検することで、事前学習や話し合いの良否(質)を確認することもできる。

表2-1 復習ペアの指示例

①ペアを2つ合わせた4人組を用いる。
②ペアの片方(学生A)が1問目を読み、相方(学生B)が答える。
　AはBの解答を聞き、必要な助言や励ましを与える。AがBの解答に不審を感じたら、不明な点を質問することでBに考えさせる。この段階ではAが代わりに答えたり、改めて二人で解き合う必要はない。
③1問目の質疑が一応終わったら、役割を交代してBが問い、Aが解答を述べる。
④ペアで2問の答えを確認したら、残りのペアと一緒になり(4人組に戻り)、全員が合意出来るようにそれぞれの答えを話しあう。
⑤このように2問ごとに4人組になり、すべての問題が終わるまで②〜④の手順を繰り返し、より確かな答えを検討し合う。

この活動は前章で述べられたシンク・ペア・シェアとラウンドロビンを組み合わせた実践例とも言える。まず、ペアで作業し、次に4人グループで作業する、というあわせ技である。反転授業など、事前の学習が前提となる授業デザインでは、前提の確認作業は当たり前に見られる活動であり、復習ペアはそうした際に有力な技法であろう。

(2) クイズ-クイズ-トレード(QQT)

ケーガンがストラクチャとして推奨するものにクイズ-クイズ-トレード

がある。生徒たちは教師が指定した教科書の範囲や授業の内容から作問し、問題をその答えとともに、1枚のカード(Q&Aカード)に書き出す。生徒たちは指示に従って教室内を歩き回り、新しいパートナーと出会うごとにQ&Aカードを使って質問し合い、カードを交換していく。簡単に手順をまとめる(**表2-2**)。

表2-2 クイズ-クイズ-トレードの手順

1．生徒はペアになる： 　片手でカードを持ち、もう一方の手を挙げて、教室に分散して立つ。合図とともに、ペアになる相棒を探す。ペアになった時には、ハイタッチや握手をして、挙げていた手を下ろす。BGMのオン・オフを合図にするなど、工夫する。
2　問答をする： 　ペアの一方をA、もう一方をBとする。AはBに、カードに記された質問を行う(問題を読み上げる)。Bは、Aの質問に答える。
3　フィードバックする： 　Bが正しく答えたら、AはBを称える。もしBが間違ったならば、AはBに答えを示し、解説する。
4　役割交替する： 　役割を交代し、今度はBが質問をし、Aが答える。
5　カードを交換する： 　ペアを解いて、新しい相棒探しに出る前に、カードをお互いに交換する。その際、AとBどちらも、第3者(新しい相棒)にそれぞれのカードの答えを説明できることを確かめる。
6　新たなペアをつくる： 　合図とともに今までの相棒から離れ、新しい相棒とペアになる。2から5までの手順を、終了の合図があるまで繰り返す。

教室内を、パートナーを求めて歩き回る、"アクティブ"な情報交流の技法（ストラクチャ）にはQQT以外にも、「学びの出会い」(Mixed Pair Share)や「情報交換しよう」(Give one Get one)などがある(Kagan & Kagan,2009)。それらの応用とも言えるQQTには、いくつか実践上のポイントがある。二つほど挙げる。

　まず、作問するという知的活動の質である。たとえば「クラスの仲間が、教科書に書いてある大切なことを覚えているかどうか確かめるためのクイズを作ろう」と指示すれば、客観テスト式の問題が多くなるだろう。一方、「クラスの仲間が、教科書に書いてあることをちゃんと理解したかどうか説明してもらうための問題を作ろう」と指示すれば、いくつかのキーワードを使って話すことを求めるような、ショートエッセイ式の問題が増えるだろう。教師はQQTに際し、どのレベルの理解を求めるか、そして作問作業にどの程度の時間を割くか、あらかじめ見通しを持って臨みたい。

　交換したクイズカードをどう使うか、という点も工夫の余地が大きい。誰だって、自分が作ったカードが教室の床に落ちているのを見たくはないだろう。クラスの仲間と交換したカードはノートに貼らせる、コメントをつけて作題者に返す、教師が集める、など何らかの配慮がほしい。クイズ交換を複数回繰り返す場合、筆者が好む方法の一つとして、「ベストクイズ表彰」というやり方がある。1回目は自分の作ったクイズへの評価になるので、2回目の交換からペアでクイズを解きあった後、どちらの問いが仲間の理解促進に役立つのか相談して決め、そちらのカードの裏に○を一つ書いてもらう。複数回の交換のあと、最後に自分の持っているカードにいくつ○がついているか数えてもらう。もっとも○の数が多いものが、もっともクラスの仲間の理解促進に貢献したものである、として作題者への感謝を拍手で表す。自分の作題努力がクラスから賞賛される経験は、更なる学習への励みとなり、残りの生徒たちには模範とすべき作問の形が示されることになる。

(3) 共通するポイント

　こうしてみると協同学習の技法は、何か特別で珍しい教え方ではないかもしれない。ただ、多くの教師は経験的にその有効性を感じていても、その技法の効果を支える要因について無自覚なことが多い。そうなると、現状の取り組みに改善が必要な時、見直すべきポイントが掴めない、あるいは新たな技法の開発に際して理論に基づく効率的な取り組みができない。

　紹介したどちらの技法にも共通するのは、生徒にやり方を丸投げしない点である。復習ペアでは、やってきた宿題をペアやグループで答え合わせしなさい、という漠然として指示ではなく、まずペアになって相互に疑義の確認をし、その解消はグループで行うという手順が明示されている。疑問や誤解を明確にするという作業が前にあることで、答え合わせが単なる"正解の受け渡し"になるのを防いでいる。またQQTでは、作問することで自身の理解度が試されるだけでなく、交換したクイズの問いについても理解することが期待されるため(万一、次に組む相手から「答え」に対する疑義申し立てがなされた場合に困らないように)、今の相手が説明する「答え」をしっかり吟味し、自分のものにする必要がある。

　いずれの技法も、関わる学友と互いの理解度向上に資する活動であり、そのために自身の学習にしっかり取り組む必要性が明示的である。どのように学び合うのが効果的か、学習者自身に考えさせることも有力ではあるが、限られた時間の中で、確かな学修をさせたい教師にとって、学び合わせ方をデザインすることも必要であろう。

　繰り返しになるが、協同学習の理論では、共通のゴール(課題に対する理解・学習者としての成長)に向かって教え合い、学び合う互恵性・肯定的相互依存(Positive Interdependence)を協同学習の第一の成立要因と考える。そして、そのゴールに向けた相互の貢献(努力)を意識し、確認し合うための責任の明確化(Individual Accountability)を第二の成立要因として重視する。この二つの要因を考慮して、社会的促進を生む相互交流(Promotive Interaction)が学生間に発現するような授業の工夫が、ALを設計する際にも求められる。

(4) グループ学習の弱点に備える

　一般的なALでは、多少ともグループを単位とした学習活動が組み込まれている。そのため、グループ学習させることがALの実践なのだ、といった浅い理解にとどまってしまうのでは困る。グループを使う以上、その良さや強みを生かし、弱みや課題(懸念)を抑える工夫が重要になる。

　ジョンソンたち(2010)は、グループ活動がうまくいかない要因を9つ挙げている(表2-3)。グループの大きさや構成員の多様性など、活動開始段階である程度コントロールできるものもあれば、構成員のレディネスやスキルなど、ある程度時間をかけないと対応が難しいものもある。集団浅慮や社会的手抜きを招く、あるいは批判精神の欠如を許してしまうような課題設定の問題も大きい[2]。

表2-3　グループ活動の効果を阻む潜在的な障壁(要因)

- グループの成熟度(未成熟なこと)
- 不適切なグループサイズ
- 社会的手抜き(個人の出力の総和　＞　グループの出力)
- ただ乗り
- 不公正を知ってモチベーションを失う
- 批判精神の欠如(表面的で無難な交流)
- 集団浅慮
- 多様性の欠乏(異種混成が不十分)
- チームワーク技能の不足

＊ジョンソンら(2005)をもとに表現を一部改めた

　なかでも「ただ乗り」(Free Rider)に関する問題はグループ活動につきものと言える。ただ乗りする方にも、される方にも非生産的であるこの問題に対し、協同学習は大きく2つのアプローチを用意している。一つがケーガンのストラクチャ・アプローチに典型的にみられる作業分担方式であり、もう一つがジョンソンを代表とする改善手続き(Processing)アプローチである。

ストラクチャでは学習者は一連の活動における不可欠な"パーツ"として振る舞うことが期待される。交互に、順番に、指定された行動(説明・発表・質問など)が要求される中で、「ただ乗り」の発生は抑えられる。バケツリレーしている最中にただ乗りする人はいないだろう。

改善手続きでは、自分たちの活動を振り返り、改善すべき点を確認し、メンバーの総意として改善を重ねていく。これにより、「ただ乗り」の発生は徐々に制御されていく。ジョンソンたちの協同学習では、改善手続きと合わせて社会的スキルの育成も組み込むことで、実効性を高めている。

このように(1章ですでに繰り返し述べられたことではあるが)、協同学習と呼ばれる学習指導法では、素朴なグループ学習に比べてはるかに計画され、構造化された学習活動が意図されている。実践者がどのようなアプローチをとろうとも、グループ学習を通して学びが実質的に深まる、あるいは広がる配慮をすることは重要であり、ALの実践においても参考にするべきであろう。

(5)切磋琢磨と協同学習

協同学習の特長として、クラスにおける非生産的な競争をコントロールする機能を強調しておきたい[3]。ALに期待される学習のあり方として、学習者相互の切磋琢磨と価値観の異なる者同士の協調、すなわち異文化共生がある。これらの具現化のカギを握るのが、課題遂行に臨んでの学習者間の関係性である。競争的関係ではなく、協同的関係を基盤にすることで、初めて求めえるものなのである(表2-4を参照)。

仲間の誰かが目標を達成してしまったら、自分の目標は達成できなくなる、といった関係の中では、安心して協力し合うことはできない。否定的相互依存関係を前提とする活動(勝ち組と負け組に峻別される競争)を通じては信頼関係が築けない。

表2-4　協同学習における競争と協同の捉え方

		取り組み(表面上の関わり)	
		協同・協働	競争
目的	協同	一蓮托生	切磋琢磨
	競争	同床異夢	弱肉強食

協同学習における切磋琢磨とは、「自分が精一杯戦うことによって相手の進歩を促し、相手が精一杯戦ってくれることで自分が成長できたと実感(伊藤・杉江, 2009, i頁)」し合う競い合いを指す。そして、手を抜くのは相手に失礼、という感覚が醸成される体験を指す。相互尊重のない切磋琢磨はまがい物である。少なくとも学校教育で目指すものではない。互いに高まり合うことを目指して取り組む関係は競争ではなく、協同である。切磋琢磨は協同学習を通じて開発・深化される、と捉えるべきである(杉江, 2011)。

もう一つの目標である異文化共存をはかるには、価値観の分離と共通価値の設定が必要になる。チーム構成員各々の価値観や信条はそれとして、自らが所属するチームに課せられた課題解決という目標を共通価値として、自分たちの行動を律する経験を積むことは、異文化共存の感覚を育てることに役立つ。そのためにも、構成員間に肯定的相互依存関係をつくることが不可欠となる。自分が達成したいと願う目的を成就するには、構成員全員の目標達成が必要だと理解し、そのために有効な行動をとれる自分であることを自覚するとき、多様な能力や価値観を持つ者同士の協働が確かになる。

第3節　アクティブラーニング手法を入れた授業に協同学習の技法を組み込む

協同学習は共同作業を伴う取り組みへの参加を呼びかけるところから始まる。通常、教師から提示された課題に取り組むことは、生徒たちにとって自明であり、あえて参加する(自覚して選択する)意識はないかもしれない。ただ厳密に言えば、教師は、課題提示に際し、取り組みの意義を説明しゴールの共有を促す作業を行うはずである。したがって、生徒たちには、その活動の目的や参加する価値を理解して取り組むことが期待されており、この部分が不十分だと協同学習はその教育効果を上げにくい。

通常の協同学習の学習課題は全員達成が条件であり、生徒たちの参加をもって開始される学習活動では、当事者間の協調／協働[4]が期待される。換

言すると、生徒間での協働が、各自の目標達成には必須になる課題が与えられる。この段階（課題解決の過程）における協働が効果的だと当事者間で信頼感が高まり、課題遂行に向けた取り組みが加速する。そうして深まる一体感・充足感によって協同の意義や価値が体験的に学ばれていく。協同学習は、このように生徒の参加と協働によって成り立つ学習方法である。

　筆者の実践からAL手法に協同学習を入れ込む工夫を確認してみよう。ここでAL手法とは、文科省がALの例として挙げている「教室内でのグループ・ディスカッション、ディベート、グループ・ワーク 等」を指す。こうした手法はグループ活動を前提にしており、その際のグループ活動に協同学習の技法を適用することで、教師が協同学習を意識するしないにかかわらず、ALの質の向上が期待できる。

(1) ポスターセッション

　ポスターセッション自体は、ALにおけるアウトプットの工夫の一つであり、PBL (Project-Based Learning) やTBL (Team-Based Learning) など、さまざまなALの中で用いられる汎用性の高い活動（手法）である。筆者は今年、教育学部2年生を対象にした「教育心理学I」という科目（週2回（1コマ90分）、全30回、履修者68名）で試みた。コースデザインは本章のテーマではないので詳しくは触れないが、学期の初期にはゴールの共有と個人の責任を意識させる働きかけが多く、途中はグループの成長・深化をねらった振り返りや活動を増やし、終わりには成果を味わう機会を設けている (表2-5)。

　この授業では教育心理学の論文をポスター（模造紙）にまとめて発表するポスターセッションを行った。この課題に際して行った協同学習の取り組みを紹介する。なお、4人一組を原則とし、全員（1回の授業では16〜18名）が発表する。

表2-5　ポスターセッションを柱とする一連のグループ活動

授業回数	活動(課題)	協同学習のポイント
5回目	【宿題・個別学習】 関心のある論文を1本、教育心理学系の学会誌から自分で選びだす。その際、クラスの仲間たちの教育心理学に対する興味や理解が深まるような論文を選ぶことを勧める。	【互恵的ゴールの設定】 ポスター発表の目的：発表は一人ひとりだが、グループで協力し合い、クラスの仲間(他のグループ)の教育心理学に対する理解促進に貢献する。
8回目	【授業内グループ学習】 自分が選んだ論文の概要と選択理由を発表企画書としてまとめ、グループの仲間と紹介し合う。論文の探し方や選び方について、必要があれば助言し合う。	【個人の責任の明確化】 選んだ論文が、仲間と重複していないか、仲間の関心をひくものを選べたのかどうか、確かめさせる。
10回目	【授業内グループ学習】 ポスター発表原稿を持ち寄り、相互点検する。その際、特に検証仮説と検証方法を互いに説明し合う。	【個人の責任の明確化】 個々の準備状況を明らかにし、グループとして協力すべき事柄を可視化・共有させる。
13回目 20回目	【授業内グループ作業】 授業内に2人分のポスターを協力して作る。	【相互交流の促進】 ポスターを協力して仕上げさせる。
14・15回目 21・22回目	【ポスター発表に際し作られた臨時グループの活動】 ポスターセッションでは、発表者は聞き手たちにわかりやすく説明する。他のグループから集まった聞き手は、そのポスター発表を聴き、ルーブリックを用いてパフォーマンス評価する。 発表者は、聞き手たちからルーブリック型の評価票を受け取り、次の発表者のための注意点をグループで整理する。	【発表の相互評価を利用したグループ改善手続き】 発表者に寄せられた評価コメントは、グループとしての準備や成果物に対するものであり、次の発表者は、仲間からのアドバイスを生かし、発表を工夫するように指示する。
25回目	【レポートのピアレビュー】 ポスター発表の内容をレポートにまとめ、それらをグループ内で相互評価し、全員がAレベルの完成度を目指す。	【互恵的協力関係】 全員のレポートがA評定なら、そのグループにはボーナスポイントを与える。

(2) ディスカッションと建設的討論法

　自らのTBLの実践を振り返って山中は、「素直に自分の意見を開陳して議論する」体験が積まれる保証はないのではないか、と指摘する(関田・山中, 2014)。学生が日常の授業で体験するグループディスカッションが、一定時間内に結論を導くことを前提にした予定調和的な儀式になってしまっていたり、メンバー間の意見や解釈の相違をまとめるだけの、体の好い"お勉強"にとどまってしまっているのではないか、という危惧である。

　確かに、ALの手法として「ディスカッション」が多用される一方で、表面的な話し合いに終始してしまい、学びが深まらないという問題は看過できない。これに対して、日本ではあまり普及していないが、ジョンソンたち(2001, 2010；関田・松﨑, 2003)が提案する建設的討論法(Academic Controversy)という手法は有効である。途中まではディベートと類似の過程(立場表明と相手への尋問・反駁)を取るが、後半、立場を入れ替えての反駁を行い、最終的には相対立した立場からの意見を統合するような解決策や新たな立ち位置(視点)を提案させる方法である。

　たとえスタートは自分の意見ではなくても、二つの対立する立場に立って問題を考える作業を経たのちには、統合案作りに向けて素直に自らの意見を述べることが期待される。さらに互いに自身の考えを述べあい、可能な限り練り上げ、統合しようとする作業を通じて、多様性に根ざした意見に対する相互受容や共感的対峙の能力を伸ばすことが期待される。

　建設的討論法とまでは行かないが、ケースメソッド(詳しくは本巻6章参照)も、やり方次第でこれに似た効用が期待できると筆者は考えている。筆者が担当する「学校研究」という授業では、学校現場で生起する日常的な懸念や厄介ごとをケースとして取り上げ、その対応を個々人に考えさせる。そしてその対応や判断の妥当性の証、あるいは根拠について情報収集させている。こうして各自が持ち寄った論拠のある対応策を、グループとして吟味し、より妥当性の高い、あるいは有効と思われる対応策に練り上げるように指示する(「練り上げ」については本巻の次章に詳しい)。

第4節　グループ活動の評価と振り返り

　ALの評価については本シリーズ第3巻に詳しい。ここでは協同学習との関係で話題になる点について、簡単に述べておく。

(1) 協同学習の評価

　教師の職務の一つに成績つけ(評定)がある。生徒個々人について学習内容の習得具合を認知領域に限って測るなら、協同学習においても通常の評定作業(テストやレポート)と同じになる。悩ましいのは、グループとしての成果物やグループ活動自体の評価をどうするか、どのように成績に反映させるか、というところである。

　良い成績は、その後に続く学習活動のインセンティブになる。グループで力を合わせて頑張ること自体が良い成績の指標になるとわかれば、グループ活動に力が入るだろう。ただし、頑張りに比例してテストの結果が良くなるとは限らない。頑張っても良い点が取れない生徒にとって、グループとしての成果に基づく加算はありがたいだろうが、あまり頑張らなくても良い点が取れる生徒にとっては、加点自体はさほど魅力がないかもしれない。

　おそらく協同学習を実践する教師は、状況に応じて3つの方法を使い分けることになるだろう。一つ目は、グループでの学習活動は手段であり目的は一人ひとりの理解度向上なのだと割り切り、成績は個人のテスト結果にのみ基づき、グループとしての成果は反映させない評定である。二つ目は、グループの成果と個人の学習成果は不可分と考え、グループ得点と個人得点の合算に基づいて評定する方法である。この場合のグループ得点とは、グループの共同制作物の出来具合であったり、あらかじめ定めておいたグループ成果基準に照らした得点(たとえば、活動開始時点では90点を超えるメンバーが0名だったグループが終了時点では90点を超えたメンバーが3人になったとして、その人数に5点をかけたもの)である。三つ目は、合算ではなく、別々に評定・表記するやり方である。グループの成績を記載できる通知表などがあれば可能

である。プロ野球を例にするとわかりやすいだろう。チームとしての優勝が最優先されるが、同時に個人成績も年棒に大きく反映する。

(2) 学びとしての振り返り (Assessment as Learning)

　評価とも密接に関係するが、ALを進める際、自分たちのグループとしての取り組みを振り返ることは重要である。ここで、「振り返り」に対応する英語にはProcessing（改善手続き）とReflection（省察）の二つがある。少々粗く言えば、Processingとは、まさにグループメンバー間のやり取りの過程（グループ・プロセス）を点検・評価するものであり、Reflectionは自身の体験を自己分析し、そこから得られる気づきを更なる学習へ深化させる作業と言えよう。そして、Processingが生産的に行われると、プロセスにおける自身の行為に対するreflectionが容易になる。一般的に人間関係トレーニングではプロセスの相互評価が重要視され、振り返りのフォーマットが活動ごとに用意されている（たとえば、津村・星野, 2013）。そしてそれはジョンソンの定義にもあるように、協同学習でも重視される。

　仲間とアイデアを出し合えば、自分では気づかなかったことが新たに見えてくる。一人より二人、そして三人、四人と増えるにつれて、多様な意見が提示・共有されていく。この相互交流の効用に気づかせることが、まずは振り返りのポイントである。

> **各巻との関連づけ**
>
> 第3巻『アクティブラーニングの評価』では、「アクティブラーニングをどう評価するか」（松下佳代）、「初年次教育におけるレポート評価（小野和宏・松下佳代）、「教員養成における評価―パフォーマンス評価とポートフォリオ評価」（石井英真）、「英語科におけるパフォーマンス評価」（田中容子）、「総合的な学習の時間での探究的な学びとその評価」（松井孝夫）、「育てたい生徒像にもとづく学校ぐるみのアクティブラーニングと評価」（下町壽男）の各章から、アクティブラーニングの評価について総合的に説明しています。

> **まとめ**
> - アクティブラーニング型の授業では、アウトプットのさせ方がポイントになる。さらに言えば、学習にコミットする社会的促進を生むような学友との交流のさせ方がポイントになる。
> - 漫然とグループで学習させればよいわけではない。協同学習と呼ばれるアプローチはグループ活動の質を高める活動手順(技法あるいはストラクチャ)を数多く提供してくれる。
> - 協同学習の技法はさまざまな組み合わせが可能であり、アクティブラーニングのさまざまな局面で効果を発揮する。

注

1 学校教育法第30条の第2項には次のようにある。
  前項の場合においては、生涯にわたり学習する基盤が培われるよう、基礎的な知識及び技能を習得させるとともに、これらを活用して課題を解決するために必要な思考力、判断力、表現力その他の能力をはぐくみ、主体的に学習に取り組む態度を養うことに、とくに意を用いなければならない。
2 批判精神の欠如とは、グループの有力メンバーの意見に異議を唱えず、批判的思考に基づく話し合いが生じないような場合である。集団浅慮とは、グループが自分達の能力や判断を過信したり、仲間との同調を優先しすぎて、必要な検討や注意喚起を行わない場合である。また、社会的手抜きとは、個々のメンバーの努力を合算することで成果が決まる課題(たとえば、綱引き、あるいは個人の役割や責任があいまいなグループ活動)に取り組む際に、本人の自覚の有無にかかわらず、力の出し惜しみが生じるものである。いずれの問題も、グループとして何を目指し、構成員として自分は何をすべきか、という二重の責任が不明確な課題に取り組む際に生じやすい。
3 ケーガンは大学院時代、競争指向のある子どもたちと、協同指向の強い子どもたちと、それぞれの指向性が異なっても、実際にとる行動は状況によって決まる(競争的なゲームでは協同指向が強い子どもでも競争的になり、協同的なゲームでは競争指向の強い子どもでも協同的になる)ことを検証するゲーム作りをしていたという。どのように活動を構造化すると競争指向を抑え、協力して学び合えるかを追究してストラクチャを開発してきたとも言えるだろう。また、ジョ

ンソンは大学院進学に際して、カール・ロジャースに師事するか、モートン・ドイッチの下で学ぶか迷ったというから、若い頃から心理的健康への関心が高かったのだろう。協同学習の効果についても、成績の向上とともに心理・精神的健康への影響を重視してきた。あるいは、アロンソンは人種融合を意図してジグソー法を開発した。いかに白人児童と黒人児童の対立を抑え、学習活動を介して協調的にさせるかが彼の課題であった。このように、協同学習の研究者たちには、学習活動に際しての競争指向を制御し、学業成績のみならず心理的健康も増進する協同的取組の方途を探ってきた。

4 筆者は、他者と課題を共有し、その解決や達成に向けて一緒に（物理的時空を共有し）取り組むことを共同あるいは協力と呼ぶ。その取り組みの過程で、互いのリソース（能力・スキル・情報・資源など）を効果的・生産的・目的的に利用し合う状態を協調あるいは協働と呼ぶ。そして、他者と課題を共有し、その解決や達成に向けて取り組む際に、その課題達成（取り組み結果）が当事者全員の利益（理解・成長）に繋がることを了承し、達成のかかる（自他に対しての）責任を相互に認識している場合を、とくに協同と言う。

文献

Benesse 教育研究開発センター（2013）.「第2章高校生の学習と日常生活」『高校データブック2013』. http://berd.benesse.jp/berd/center/open/report/kou_databook/2013/ pdf/P34-51.pdf

Bruffee, K. (1999). *Collaborative Learning: Higher Education, Interdependence, and the Authority of Knowledge*, 2nd Ed. Johns Hopkins University Press.

中央教育審議会(2012).「新たな未来を築くための大学教育の質的転換に向けて － 生涯学び続け、主体的に考える力を育成する大学へ －（答申）」. http://www.mext.go.jp/component/b_menu/shingi/toushin/__icsFiles/afieldfile/2012/10/04/1325048_1.pdf

伊藤三洋・杉江修治(2009).『柔道と協同学習』教育新聞社.

Johnson, D. W., Johnson, R. T., & Holubec, E. J. (2002). *Circles of Learning: Cooperation in the Classroom* (5th edition). Edina, MN: Interaction Book Company. ジョンソン, D.・ジョンソン, R.・ホルベック, E. (2010).『学習の輪(改訂新版)；学び合いの協同教育入門』(石田裕久・梅原巳代子訳)二瓶社.

Johnson, D. W., Johnson, R. T., & Smith, K. A. (1991). *Active Learning: Cooperation in the College Classroom*. Edina, MN: Interaction Book Company. ジョンソン, D.・ジョンソン, R.・スミス, K.(2001).『学生参加型の大学授業　協同学習への実践ガイド』(関田一彦監訳)玉川大学出版部.

Kagan, S. & Kagan, M.（2009）. *Kagan Cooperative Learning.* San Clemente, CA: Kagan Publishing.
溝上慎一(2014).『アクティブラーニングと教授学習パラダイムの転換』東信堂.
文部科学省(2011).「現行学習指導要領・生きる力」. http://www.mext.go.jp/a_menu/shotou/new-cs/gengo/1306118.htm
関田一彦・松崎慎一(2003).「教室ディベートを十二分に活かす協同学習」『創価大学教育学部論集』54号, 41-52頁.
関田一彦(2013).「学生の授業外学習時間増進に資する予習・復習課題の工夫：協同学習の視点からのいくつかの提案」『創価大学教育学論集』64号, 125-137頁.
関田一彦・山中馨(2014).「創価大学におけるTBL導入の試み」『創価大学教育学論集』65号, 83-109頁.
杉江修治(2011).『協同学習入門』ナカニシヤ出版.
津村俊充・星野欣生(2013).『実践　人間関係づくりファシリテーション』金子書房.

さらに学びたい人に

- ジョンソン, D.・ジョンソン, R.・ホルベック, E. (2010).『学習の輪(改訂新版)；学び合いの協同教育　入門』(石田裕久・梅原巳代子訳)二瓶社.
  - ▶ジョンソンたちの協同学習の理論と技法をコンパクトにまとめている。とくに協同学習の評価の扱いについて1章割いている。協同学習を学ぶ者には必読書の一つである。
- 杉江修治・関田一彦・安永悟・三宅なほみ(2004)『大学授業を活性化する方法』玉川大学出版部.
  - ▶協同学習の研究者が、自らの実践を例に、大学の授業改善の方途を提案している。授業改善に唯一の正解はなく、さまざまな工夫が試みられる。その中で、協同学習の考え方に基づく実践の可能性が示唆される。

第3章

学びが深まるアクティブラーニングの授業展開
―― 拡散／収束／深化を意識して

　　　　　　　　　　水野　正朗（名古屋市立桜台高等学校）

　アクティブラーニング型授業（AL型授業）にはさまざまな展開がある。決まった型があるわけでないが、ラウンドロビンやシンク・ペア・シュアをはじめとする協同学習の技法（第1章・第2章参照）を使うことで授業中の学習者同士の対話を確実に促進できる。授業でどの技法を使うにしても、ペアまたはグループを使ったセッションとクラス全体の共有セッションとの適切な組み合わせが意識されることになるだろう。つまり、個人思考と集団思考の組み合わせが、AL型授業の骨格を決める重要ポイントである。それは学習者（個人および全体）の思考を拡散／収束／深化させるプロセスをデザインすることにほかならない。本章では、個人と集団の思考の相互関連的な発展について検討していく。

第1節　グループは目的ではなく手段

　「学修者の能動的な学修への参加」（中央教育審議会, 2012）を目指す方策として、ペアやグループ形態やコの字（またはロの字）型座席の導入が増えている。この動きは今後いっそう強まるであろう。しかし、これを学習形態の改革いわば「型」の改革と理解しているようでは、授業改善はある一定レベルでとまってしまう。前章で論じられたように、一方的な講義を受け身で聞くよりも、お互いに考えを述べ合って（聴きあって）学んだ方が、よりよい学びがで

きると学習者が心から納得することで、一人ひとりの学びへの主体的な参加が促進される。学習形態の変更の目的は、学習遂行に最も適した集団的な思考過程を組織して、個と集団の学びをともに深めることにある。

図 3-1 ペア・グループ・コの字の相互作用

*Soejima(2012) より

　上図(図3-1)に書き込まれた矢印の数を見るとわかるように、【ペア】を結ぶ線は1本、対話の相手は一人なので、「話す」「聞く」の相互作用は2方向1パターンである。短時間に高密度の対話ができるメリットがあるが、相互作用の多様性は少ないことを意味する。【4人グループ】になると、線は6本、相互作用は12方向6パターンと激増する。つまり、短時間で気楽に発言するには【ペア】が優れ、より多様な意見交換を求めるなら【4人グループ】の方が優れている。【6人グループ】になると、30方向15パターンとさらに多様性は増す点では有利だが、発言の機会を得るための待ち時間が増えるので、【4人グループ】のときよりも高いコミュニケーションスキルが要求される。
　ペアやグループで出た意見を発表させて全体で共有する、また全体の場で出た疑問・意見をもう一度グループに戻して話し合わせるプロセスはとても効果があるので、ぜひ授業に取り入れたいものである。
　【コの字型座席】は、お互いの顔や表情が見えるので一斉授業形態のときよりも全体に向かって発言しやすい雰囲気になる。HR等での話し合いの場面で、この座席形態がよく使われるのはそのためである。このとき、議論を司会する教師が黒板の前だと教室全員の視線から外れてしまうので、教師は

教卓を離れてより中央に位置することが望ましい。

　以上のように、教師は学習形態ごとの特性を考慮して各時間の授業におけるコミュニケーションの構造をデザインしなければならない。

　では、グループになったとき、学習者はどのように対話をしているのであろうか。それは一斉授業形態での討論・話し合いの様相とどのような違いがあるのだろうか。

第2節　事例分析——源氏物語速読課題における協同的問題解決方略

　課題解決に取り組むグループメンバー同士にどのような相互作用が働いているかを調査するため、水野(2006)は、高校2年生が『源氏物語』桐壺巻を、古語辞典や文法書を使わずに自分たちの力だけで速読する課題に取り組む授業を参与観察し、女子3人グループ(第1班)の発言を記録して詳細に分析した。

　源氏物語の第1巻「桐壺」の有名な冒頭テクスト「いづれの御時にか、女御・更衣あまたさぶらひたまひける中に、いとやむごとなき際にはあらぬが、すぐれて時めきたまふありけり」の速読で、彼女たちは「低い身分なのに帝に一番愛されている(桐壺の)更衣」と解釈した。

　さらに、それに続く原文、「初めよりわれはと思ひあがりたまへる御方々、めざましきものにおとしめ嫉みたまふ。同じほど、それより下臈の更衣たちは、まして安からず」の解釈に取り組んだ。その発話プロトコルを**表3-1**に示す。A、B、Cは学習者の識別記号で、その後の数字は発言通し番号である。

　表3-1に示したA(137)～A(162)に費やされた時間は2分50秒で、その間の発言回数は26回であった。つまり、平均して6.5秒に1回発言が行われた。一人当たりでは1分間に約3回発言したことになる。学級全体での話し合いで、生徒一人がこれほど頻繁に発言をすることは不可能であり、グループ内だからこそ、これほど発言ができた。その上、彼らは、相手の発言につねに耳を傾け、「うん」や「ぽい」などの肯定的な同意の言葉をつねに発することで、

表3-1 源氏物語「桐壺」のテキスト読解中の発話プロトコル抜粋

A 137	初めよりおもいあがっていた人々が，めざましきもの。【間】わかんないから飛ばして。①
ABC138	【3人声をそろえて】「おとしめ嫉み。」②
A 139	それもわからん。③
B 140	べたぶーみたいな感じ？③
A 141	感じ的にね。③
C 142	妬いてたんだ。③
A 143	誰が誰に？④
B 144	ほかの第2、第3夫人が，その美しかったママ【のちに光源氏を産む桐壺の更衣】に対して。④
A 145	あー。はは。ママに。はじめより思い上がっていた人というのは，第2，第3夫人。④
C 146	「より」って「より」ない方がわかりやすい。
A 147	じゃあ、そろそろいこうか。わたしがわたしがと思い上がっていた人たちは、まあママを妬んだ。⑤
C 148	うん。⑤
B 149	なるほど。⑤
A 150	同じくらいの時にみたいな。【正しくは時ではなく地位】それより下臈って何だっけ？⑥
B 151	下っ端？ 下っ端。⑥
C 152	ぽい。ぽい。⑥
A 153	下っ端は、「ましてやすからず」。⑦
C 154	もっと？⑦
B 155	なおさら？⑦
A 156	「やすからず」がわかんない。「ず」が「ない」だよね。⑦
C 157	「やすから」ない。なになにない。【「心穏やかでない」の意だが生徒はわからない。】⑦
A 158	あー、はじめはさあ私が私がって思い上がっていたということはさあ、ちょっとは位が上だったからそうなれたわけじゃん。⑦
BC 159	【B，Cともにそろって】うん。うん。⑦
A 160	同じくらいの時に、それより下っ端だから、その人たちはなおさらメゲたって、感じかな。妬んどったみたいな。⑦
C 161	はじめは位を利用して。⑦
A 162	おれたち，下っ端だからなんもできんみたいな。まあ，無理矢理やると。⑦

グループ内での高密度な相互交流を促進している。

　表3-1-①、このグループでは班長のA子が司会的な役割をしている。「初めよりわれはと思ひあがりたまへる御方々」については「思いあがる」という語が現代語にもあるためそのまま理解できたが、「めざましきもの」がわからない。「めざまし」という古語は3人の心中辞書には存在しなかった。しかし、速読の要領を示した配布プリント「速読のススメ」には「多少知らない語があっても、ひるまず、とばし読みをする」との指示があったため、その指示に従って「めざまし」の解釈を飛ばして、次に進んでいる。

　表3-1-②、3人が声をそろえて「おとしめ嫉み」と読んでいる。これは「まずは声をそろえて読むように」という教師の指示に従ったものであるが、グループのメンバーがばらばらに解釈を進めてしまうことを防ぎ、協同で読解していくのに有効な方法であろう。

　表3-1-③、「おとしめ嫉み」の意味を推測している。B子(140)が「べたぶーみたいな感じ？」と女子高生言葉で表現するが、不平不満を言う「ぶう」または「ブーイング」の意味かもしれない。この語感にA子(141)も同意し、C子(142)が「妬いていたんだ」と解釈した。

　表3-1-④、A子(143)の「誰が誰に」との質問に対して、B子(144)は、第1時の授業で得た桐壺の更衣に関する先行知識を利用して、文脈から「ママ（桐壺の更衣）」を「妬いていた」のは「初めよりわれはと思ひあがりたまへる御方々」つまり帝の「第2、第3夫人」であると推論した。

　表3-1-⑤、A子(147)「じゃあそろそろ（解釈）いこうか。わたしがわたしがと思い上がっていた人たちは、まあ、ママ（桐壺の更衣）を妬んだ」と、司会役のA子がここまでの解釈をまとめ、C子(148)、B子(149)が同意することでこの部分の解釈が暫定的に成立し、次の文の読解に移った。顔を向き合わせて座っている3人は、常に相手の反応をモニターしており、3人が合意して初めて次の解釈へ進むという方略を用いている。

　表3-1-⑥、ここから次の文の解釈に移る。「下臈」の意味をB子(151)が「下っ端」と推測し、C子(152)「ぽい。ぽい」と賛成し、A子も同意して

「下っ端」という解釈が成立した。

　表3-1-⑦、「下臈」に続く不明箇所である「まして安からず」の解釈では「安し」という古語はＡ子～Ｃ子の心中辞書にはなくわからない。「ず」が「打消」の意であることは知っている。「安からず」は述語にあたる部分なので、先ほどの「めざまし」のように飛ばしてしまうと解釈ができない。そこでＡ子(160)は、登場人物の人間関係の知識をもとに「下臈の更衣たち」の心情を推測し、「それより下っ端だから、その人たちはなおさらメゲたって、感じかな。妬んどったみたいな」と気づき、Ａ子(162)「おれたち、下っ端だからなんもできんみたいな」と身分の低い更衣たちがかえって高位の女御以上に桐壺更衣を嫉妬し、いらだち、不満がたまるという心情までも洞察するという深いレベルの心情理解に至った。Ａ子も先程のＢ子と同じく自己の先行知識や他者の知識・理解を利用し、文脈に基づいて推論を行っている。

　この第2時の終了時には以下の会話が交わされていた。Ｃ子(308)「むずかしいねえ」、Ａ子(309)「ねえ」、Ｃ子(310)「まじ、みっちり勉強したしな」、Ｂ子(311)「みっちり」。『源氏物語』テクストの読解という共通の目標の達成に向けて3人が協力し、たとえ不完全な部分があったにせよ、自分たちの力で解釈を進めたことに達成感を得ていたことがわかる。

　次の第3時において、第1班3人は読解し終えた内容をワークシートにまとめた。このまとめの過程においても3人は積極的に意見を出しあい、「第2、第3夫人」では変だと「高い身分の奥さんたち」に直し、「下っ端」は「低い身分の人たち」に解釈を修正した上で、テクスト冒頭の一文の解釈と統合し、「低い身分なのに帝に一番愛されている更衣を、高い身分の奥さんたちはねたみ、それに加えて、それより低い身分の人たちはもっと憎んでいた」と記述した。ストーリー全体の構造に合わせて部分の解釈が再検討され、全体の文脈に整合するように記述の修正が行われた。

　Guilford(1967)は、問題解決における個人の創造的な思考を必ずしも論理的でなく広げて探る「拡散的思考」と、論理的に唯一適切な解答や解決に収束させる「収束的思考」の2種類に大きく分類しているが、この第1班の集団思

考においても、3人はお互いの疑問や気づきを出し合って解釈の幅を広げる「拡散的思考」と、原文テクストの記述に根拠を求めて最終的に解釈を1つに定めようという「収束的思考」が往還的に行われていた。

　以上の分析結果から、この第1班の生徒は共有する目標の達成に向けて相互に協力しあって読解を進めており、読解のために使用された「協同的問題解決方略」は、次のようなものであったと考えられる。

1．グループ内の高密度な相互交流の促進。(表全体)
2．他のメンバーの発言や反応のモニター。(表全体)
3．不明箇所(空所)を埋めるための自己の先行知識および他者の知識・意見の積極的な活用。(表③④⑤⑥⑦)
4．文脈理解による活発な推論。(表③④⑤⑥⑦)
5．メンバー全員の合意による暫定的な解釈の成立。(表③④⑤⑥⑦)
6．ストーリーの全体構造の認知による部分の解釈の修正、整合化。(ワークシート)

　クラークたち(Clark et al., 2003)は、教師が司会をする伝統的な教室での議論と、少人数のグループによる共同推理の討論(collaborative reasoning discussion)を比較し、前者では教師が議論を支配する傾向があるのに対し、後者では手を挙げて自分の発言の番を待つ必要がないことを学習者が好感して議論が大幅に促進される他、学習者は仲間の議論を聞いて自分の意見を変更するかどうかの決定をすること、議論の方法を学び、仲間が用いた有効な議論方略を自分も使うようになることなど、多くの利点があることを示している。

　高校2年生3人のグループが比較的難度の高い古典である『源氏物語』テクストを協同して読解する過程を分析したが、このクラークたちの研究結果と同じく、高密度の社会的相互作用が起きることが示された。一斉授業形態の場合、6.5秒に1回という発言はありえない。それほど次々と発言があった

ら授業そのものが成立しなくなるからである。また、全体での発言では、ある程度まとまった長いセンテンスで意見を述べないと理解されない。このような高密度な相互交渉は、少人数が体を寄せ合って親密かつ真剣に話しあっているからこそ可能になった。

その上、彼らは古文の読解(速読課題)のために、自分たちにあった問題解決方略を編み出していた。今回分析した話し合いの過程は、「最良の学習環境としての他者」(稲垣・波多野, 1989, 118頁)の存在が学習を促進することをよく示している。

この事例が示すように、学習者たちが共有する目標の達成に向けて相互協力できたのは、学習課題(思考課題)がそれにふさわしいものであったからである。

では、学習者の思考を活性化し、教室内の対話を促進する学習課題を、教師はどうすれば開発できるのだろうか。

第3節　教材の本質を貫く「柱となる」学習課題

授業を協同の学びに転換するときに成功の鍵になるのは、学習上の「問い」をどう立てるかという問題である。

教師主導による知識伝達型の一斉学習では、知識を確認するような一問一答形式の発問がよく用いられている。教師が早押しクイズのように一分間に一回以上のペースで発問していた授業事例もある。私はそれを「浅い発問」と呼ぶ。それにも学習効果はあるが、このような発問を、そのまま協同の学びにおける主な学習課題にしたのではうまくいかない。もっと「深い問い」が必要となる。

たとえば、高校1年生を対象にグループを活用した学び合い(AL)を初めてやってみようと決意したある高校の理科の先生が、理科総合Bの学習単元「陸上生物の多様化」で最初に立案した授業の課題は次のようなものだった(水野, 2012b)。

> 課題1：この生物の名前は何ですか？（写真）ドイツで化石発見。
> 課題2：非常に大食漢で、胃の中に12時間以上食物が無いと餓死してしまう生物がいる。①この生物の名前は何ですか。②この生物が生息場所に適した特徴は何ですか？
> 課題3：（教科書本文のところどころに空欄を設けた文章）以下の空欄に適する語句を入れなさい。

　課題1は、生徒が該当する知識を持っているかどうかを問うている。すぐ答えが出せるようなやさしい学習課題は、クイズと同じで誰かが正解を言ったらそれで終わる。さまざまな推論を働かせる機会にはならない。課題2は、推論する手がかりがなさすぎで、生徒はどう考えればいいか困ってしまう。課題3は教科書本文を見て書き写すだけなので、学習内容の本質的な理解がなくてもできてしまう作業に過ぎない。

　このように、学習課題のつくり方がこれまでの知識伝達型の一斉授業の時のプリントづくりとほとんど変わっていなかった。このような課題では、たとえ小グループで取り組ませても、各自が黙々と作業するだけで話し合いは起きないと予想される。考えの相互交流を通して学び合い、そこから何かを発見することにはつながらないだろう。

　筆者がそのことを指摘した結果、抜本的に考え直され、実際の授業に使われた学習課題は次のようなものとなった。

> 課題1：以下の生物(シマウマ、モグラ、ライオン、セミクジラ、クモザル)の特徴(生息場所・行動の特性・生物学的特徴)を表にまとめよ。
> 課題2：どうしてそのような違いが生じたのだろうか、話し合おう。
> 課題3：野生生物における種の減少の問題について考えよう。

課題1は、動物の特徴から生物の多様化の意味を考えさせるものであった。ここで挙げた生物はすべて教科書や資料の中で取り上げられている。生徒たちはさまざまな動物たちの生態を調べ、一覧表にまとめる過程で「どうして動物はこんなにも多様なのか？」という問いに直面することになった。そこで、課題2に進んだ。生徒たちは課題1の成果を手がかりに、あれこれと意見を出し合った末、全員が納得できる見解(結論)を帰納的に導き出した。その結論とは、「動物は厳しい環境に適応して生存競争を生き抜くため、種としての多様な特性を進化の過程で得たのではないか」というものだった。

　さらに課題3は、そうやって環境に適応したはずの「種」が急速に減少しているのはどうしてか。また、どうしてそのことが問題になっているのか、さまざまな角度から考えるものであった。課題3には、生徒の視野を拡大し、学問として得た知識を、いまを生きる知恵として生かそうとする狙いが込められていた。

　生徒たちは、どの課題でも、まず自分の考えをワークシートに書き込んでから、グループ内で相談して自分の考えをまとめ、さらにその結果を全体に向けて発表した。実に活発な話し合い活動となった。

　この授業が成功したのはなぜか。

　当初の授業案では知識の一部を確認して興味づけをしたら、あとはひたすら教科書本文を書いて覚えることが学習の中心だった。これに対して実施された授業案では、真理を求め、われわれが観察可能な事象に関する知識や経験をさまざまに持ち寄ることからスタートし、そこで得られた多様な意見を練り合わせ、一つの見解に統合するよう促すことで、生徒たちが自ら「生物多様性」の本質を発見するように導くものだったからである。しかも、意見交換を通して理解した知識を今度は現代に照射して、自分たちの課題として発展的に考え、考えを深め、生きた知恵にするという構造を有していた。課題への取り組み方を、「個人→グループ→全体」の往還を基本パターンとしたことも効果的であった。

　集団思考の方向性で見ると、課題1は動物の特徴を広く調べる「拡散的思

考」、課題2は全体を説明できる法則を見つける「収束的思考」で構造化されていた。課題3「野生生物における種の減少問題」については、答えを求めよう（収束させよう）という姿勢で議論する中で、いくつかの重要な問題が見出され、問題の根は深く容易なことではないことに気づくことができた。このように、課題3では、思考をさまざまに発展・深化させることに意義があった。

この授業を実践された先生から、「教科書の語句を埋めているだけの授業では感じることのできなかった、理科総合Bの面白さを感じています。生徒のレベルにあわせて、教科書の語句埋め込みをしているのだと思っていた、昨年の自分から感じることのできない充実感があります。本校は教育困難校と言われていますが、生徒一人ひとりの反応、その時々の表情を思い浮かべて教材研究し、授業に向かうことが楽しくてしょうがありません」という感想が届いた。そして、その先生は、そのような学びを教科や学年、学校全体に広げている。

教師は生徒が抱く疑問を大切にし、疑問から出発して教材の本質を貫く「柱となる問い」「深い問い」を立て、それを軸にして単元全体を構造化する。学習者たちは、共有する課題の解明に向けて、協同して追究を行い、本質的な答えを発見する。さらに、そこから次の課題を見つけ、学習を発展させる。このように構造化された授業づくりを目指したいものである。

ところで、このようなさまざまな思考過程を経て摑み取った知識と、教師が一方的な講義で与えた知識は、知識内容としては同じなのだろうか。それとも両者は質的に異なるものなのだろうか。手間暇かけた思考のプロセスを経て知識を獲得することに、どのような意義があるのだろうか。

第4節 「生きた知識」と「死んだ知識」

知識基盤社会化やグローバル化の進展など急速に社会が変化する中では、日々新たに生じる課題や問題に立ち向かい、複雑な人間関係の中でも互いに協力して問題解決にあたる能力が求められる。学習指導要領が、言語活動

の充実によって、「思考力」「判断力」「表現力」を育成することを提唱するのは、そのためであろう。このように変化する社会情況で必要なものは、状況に関連づけて応用的に使える「生きた知識」である。

　試験で点数をとることだけを目的にしたような暗記中心の学習活動で得た知識は、試験が終わったら、その大部分を忘れてしまう。たとえ記憶は残っていても別の角度からそれを問われると、その知識を活用することはできない。今井・野島(2003)は、他の関連した問題解決の情況に使えないような形で脳内に蓄えられた知識を「死んだ知識」と呼んだ。

　図3-2は「死んだ知識」の構造を模式的に表わしている。○は知識の固まり（ノード）を示している(Ambrose et al., 2010, p.50)。知識の各ノード間のつながりは少なく、ばらばらである。断片化された知識の各ピースは、学習者が必要としない限り相互に結びつくことはないだろう。

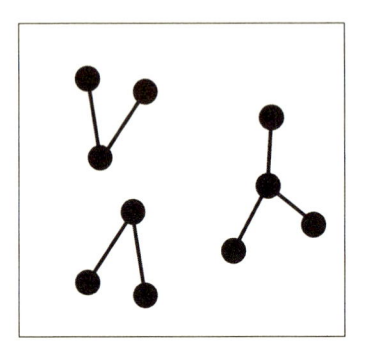

図3-2　死んだ知識

　現代の教育目標は、学ぶべき内容をやみくもに暗記させ、「死んだ知識」として教え込むことではない。新たな学習内容を「生きた知識」として学ばせ、すでに学んでいる知識（既有知識）と有機的に結びつくようにすることである。さまざまな試行錯誤や探究の過程を伴う問題解決型の学習の意義の一つはここにある。

　我々は、何かついてずっと考えていて、あるとき「はっ！」とわかることがある。また、話し合いをしていて、他者の意見を聴いて「ああ！」とか「へえ」と感心したり、納得したりする。このとき、その個人の中では新しい知識の結びつきが生まれている。

　図3-3は、知識の各ノードが複雑な形に結びついて網の目状の高度なネットワーク構造を形成し、全体としての一つの知識体系となっていることを模式的に表わしている(Ambrose et al., 2010, p.50)。

いわゆる熟練者の知識は図3-3のような複雑な構造を持っているとされるが、このような知識の網の目構造を形成するためには、教育内容を細切れにせず、文脈のある学習にすることで、学習状況における気づきや発見が既存の知識体系に有効に結びつくようにする必要がある。

上田(1958)が「関係の連続的追究は、創造的理解の動的な網の目をつくるものである。過程はそのとき、いわば自らの中から創造を生みだすといってよい」と述べているように、目の前にある具体的な矛盾を乗り越えようと、さまざまな角度から具体的な追究をすることによって、普遍性を持った知識の結びつきが発見される。

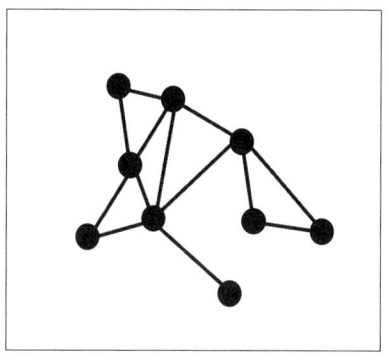

図3-3　生きた知識

このように、個人的な経験や素朴概念を越えて、活用可能な形で普遍的な知識を獲得するためには、個人単位の単純な学習では限界があり、多面的なものの見方から新しい何かを発見するような知的な学び方にする必要がある。そして、そのような高度な問題解決的な学習を行うためには、多くの基礎知識(自然科学的な事実、シンプルな論理学や数学、言語の基本的な使用など)を下位技能として身につける必要があるが、基礎知識においてもはじめに学習した文脈とは違った形でさまざまに応用的に使って、それを「生きた知識」にする必要がある。

以上のことから、以下の四つの観点が重要であることが導かれる。
①教育内容に文脈を与え、学習者の主体的で能動的な活動として授業を組織すること。
②授業を対話と探究に基づく知的な学習とし、個人の経験的事実や素朴概念を超えた普遍的な知識の獲得と深化を目指すこと。
③以上のことを実現するため、学習者同士の相互作用に基づく協働的で探究的な学習方法を採用すること。

④知的探究を促すような深さのある学習課題を、学習過程の柱となる共通課題として設定し、その追究過程において個人と集団の思考の相互関連的な発展について十分に配慮すること(水野、2013b)。

第5節　学習課題における共同性の原理

　前節まで、集団と個人の思考の相互関連的な発展についてさまざま角度から検討してきた。本節では、「学習課題(思考課題)」と「個人と集団」の相互関連的な発展についてあらためて考察したい。

　筆者は、学習課題の設定問題の背後には認識の形成に関わる「共同性の原理」があると考えている(水野 2008, 2012, 2013)。この共同性の原理をふまえると、学習課題の設定が容易になり、教師は安心して生徒の議論を導くことができるだろう。

表3-2　学習課題から見た「共同性の原理」

	学習課題の特性	共通認識の形成過程
A	根拠に基づいて認識を容易に一つに定めることができるもの	分散　→　収束 基礎知識・社会文化的な常識
B	意味が多義的で複数の認識が成立可能なもの	分散　→　収束 または 並列 相互規定関係の認識
C	自己の体験や認識に関連づけて発展的に考えることを求めるもの	並列　→　拡大・発展・深化 共存の感情・批評

*水野(2013)より

原理A

　「根拠に基づいて解釈(認識)を容易に一つに定めることができる課題」(自然科学的な事実、シンプルな論理学や数学、言語の基本的な使用)についてはお互いに共通了解できる基盤をつくることが目的となる。前提となる一定の知識基盤がなければ、お互い宇宙人と話しているようなもので対話そのものが成

立しない。最初の段階ではいろいろと意見が分散していても、その結論は一般常識(社会文化的な常識)の範囲で定まる。ここでは確実な理解と一般的な知識の習得が求められる。

[原理B]
「意味が多義的で複数の認識が成立可能な課題」を学習の中心となる「柱となる問い」として設定すると、学習活動が活性化する。同じクラスで学ぶ子ども同士でも、それまでの生活経験や思考の癖などが異なる他者同士である。異なる他者同士が互いの考えを出し合い、聴き合うことで、より高度な共通認識を成立させようとする営みが生まれる。

ここではそれぞれの考えがどう関係しているかという相互規定関係が明らかになるように全体の討論を進めることが望まれる。経験や信念が異なる者同士の集まりである以上、数個の有力な意見が残って棄却できない場合もある。2つから数個程度にまで絞られたどの意見も根拠があり、重要な意義を含んで棄却できない(並立する)ことが全員に納得されるならば、そこに一定の幅のある合意が形成されたと見なすことができるだろう。

[原理C]
「自己の体験や認識に関連づけて発展的に考えることを求めるもの」(個人または共同体の価値観や精神文化に関わる問題)については、意見や認識の一致よりも、お互いの違いがわかることが大切になる。それぞれの価値観や存在のあり方の違い、すなわち異他性と遭遇することで、それと自分とに関する主題化(思考の対象となること)が起こる。他者理解が進むと同時に自己認識が深まり、認識世界が拡大する。ここで期待されるのは共感の広がり、場をともにして生きているという「共存の感情」(重松, 1976)の醸成と、主体的な批評精神である。

この原理Cに相当する授業過程を重視した例として「協同学習による主観的批評の相互開示モデル」(水野, 2010)がある。文学テクストの内容や主題に

ついて自己の体験や認識に関連づけて考えることから生まれる個性的かつ主観的な反応をグループ内や学級内で率直に開示し合う過程において、自分とは差異を有する認識と遭遇することは、これまで生徒自身が意識しないままで依拠していた認識や思考の枠組み(ものの見方、考え方)を主題化することを促し、その自己認識を深化させた。学習内容を媒介にして「私はそこから何を学んだか」という自分の内的体験を語ることは、学習者が社会と自分との関係を自分なりに問い直す契機となり、知識を生きたものにすることにつながる。

以上のように、教師がどのような狙いや問いを持って学習課題を設定するか、中心課題(学習目標)と一連の学習課題をどのように構造化するかということが、学習の成否における重要なポイントとなる。

第6節　知的学習のサイクル構造と学習の転移

(1)知的学習のサイクル構造

自己知識の構築や深まりを推し進めるものは、教材内容を媒介とした自己内対話や他者との対話に他ならない。ヴィゴツキーの理論を借りて表現すれば、「思考とは内面化された対話である」("Thinking is internalized conversation.", Innes, 2004)。

協同的な学びは、対話に基づく知的な学習として組織されるべきであり、その基本形として図3-4のような学習サイクルが想定される。ただし、①〜④は順番に進む段階ではない。むしろ行きつ、戻りつしながら動的に思考が進むときの各フェーズとして捉えたい(水野, 2013)。

図3-4の①「各個人」のフェーズは、個人思考(独自学習)である。これは、学習課題について「個人」が自己と対話し、自分なりの考えを持つプロセスである。各個人で考える時間を確保し、考えやアイデアを書きとめさせるとよいだろう。自分の考えがなければ、話し合いもできず、気まずい沈黙が続くことになるからである。

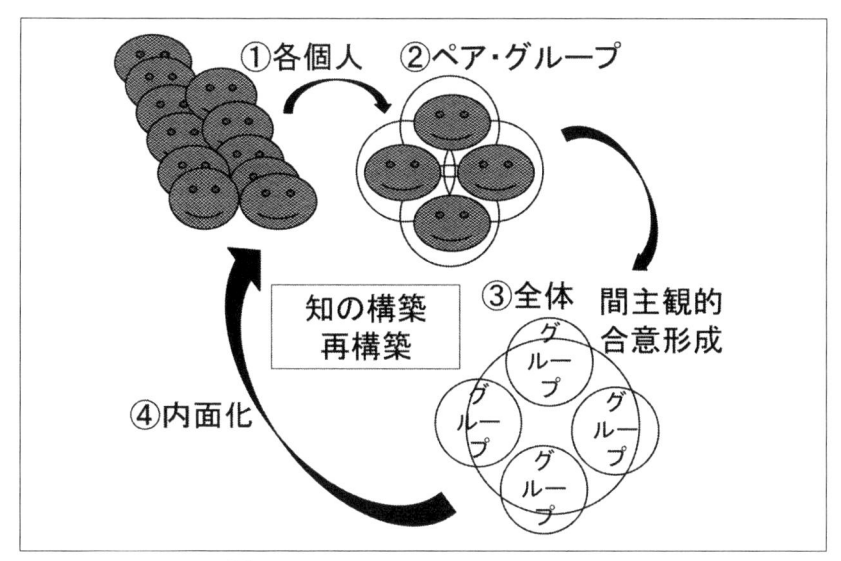

図3-4 知識構築のサイクル構造モデル

　②「ペア・グループ」フェーズのメリットは、少人数のため親密な雰囲気で高密度の話し合いができることである。全員が短時間で考えを述べることができることは一斉学習にはない利点である。他者に話すことで自分の考えは明確になり、お互いの認識を共有して深めることができる。しかし、少人数での相互作用の範囲は狭いため、どうしても思考の多様性に欠ける欠点がある。そこで、ペアやグループで得られた成果をもとに、もっと広い状況(学級全体)で意見を交流することが望まれる。
　③「全体討論」のフェーズは、より高次の合意を目指し、全員の意見を出し合い、互いの矛盾を媒介に相互の関係性を探り、間主観的な知識・認識を構築または再構築していく過程である。
　ソロモン(2004)は、メンバーのそれぞれが分散して認知機能を担っているという「分散認知」の考えを提唱し、認知は「間の中(in between)」にあり、仲間、教師、文化的道具を含む一つのシステムの中に協同で作り上げられると考えたが、この図3-4のように、「個人」「ペア・グループ」「全体討論」という

それぞれの対話を通すことで、一人ひとりの多様な思考を包含した間主観的な認識が協働的に構築される。それによって一人ひとりが成長するので、次の共同過程はもっと知的になるだろう。

④「内面化」のフェーズは、いわゆる学習の振り返りの過程である。自己との対話、教材との対話、他者との対話(ペアやグループ、学級全体)という様々な対話の過程で構築された間主観的な知識は、各個人の認知構造のなかで先行知識に結びつくように内面化され、新たな知識のネットワークを形成する。したがって、新しい課題に立ち向かう場合は、その課題と旧知の課題との間に質的な構造の類似を見つけることで、自分の知識を応用的に活用することができる。

以上のような知識構築のサイクル構造は、各教科の学習に限らず、学級会活動やホームルーム活動など、特別活動における話し合いでもよく見られるものである(水野, 2012a)。

(2)集団的な知識のネットワーク構造

図3-5は、新しい事態にも対応できる集団的な知識のネットワーク構造の形成と個人における知識の動的な転移のあり方を示している。さらに、「分散認知」の一つのあり方を示し、「分散認知は個人の"内側"にだけ存在しているのではなく、むしろ"広がっている(stretched over)"」(ソロモン, 2004)ことを示している。

図3-5で、スマイルマークは「個人」、小さな○は知識のかたまり(ノード)を意味する。小さな○を結ぶ線は知識の結びつき、点線で描かれた円内は集団(小集団)で合意形成された知識(間主観的な知識)、一番上にある大きな実線の円内は、各個人の知識の構造を示している。

各個人は、自分の考えを発表することで、集団内で共同的に構成される知識(間主観的な知識)の成立に貢献する。

我々は、協同を通して「間の中」にある認知機能(知識・理解・思考)を集団的に働かせている。自らの先行知識(既有知識)を活用しながら、協同的な知

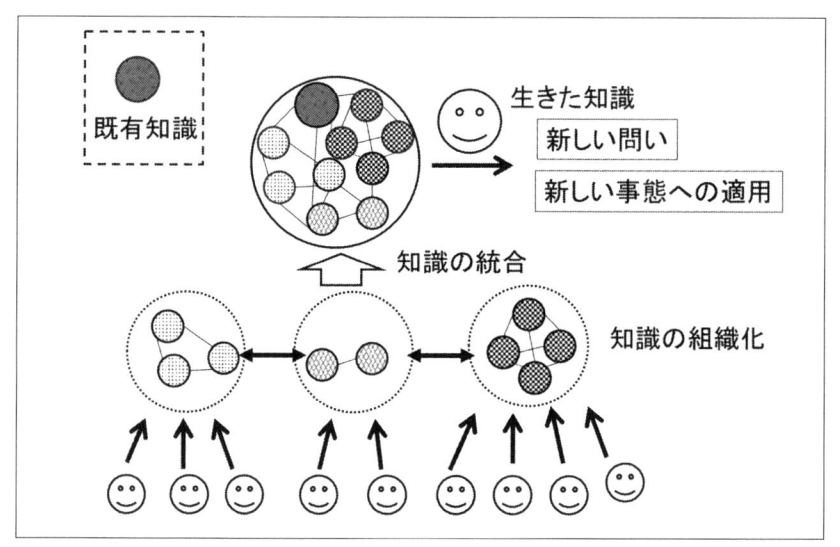

図 3-5 知識のネットワーク構造の形成と動的転移

＊水野（2013）より

識創造に参画し、その成果を自分の中に取り入れる。こうして得られた知識（認知）は、「納得解」として先行知識と複雑に結びつく形で取り込まれるので、類似した他の事態においても参照されやすく、転移しやすい知識となるだろう。

　ただし、個人や集団から出される考えを吟味することなく並列的に並べただけでは、知識の有機的な結びつきは生まれない。納得（合意）を求めて集団的に追究する姿勢が大切である。対立を含む追究の過程で、各意見の妥当性が吟味され、各意見の結びつき、すなわち相互規定関係が明らかになる。いったん問題が解決されても、未解決の問いが残ったり、認識の深まりから新たな問いが生まれたりするので、さらに次の問題追究へと発展することは珍しくない。

　認識が異なる者同士であるから、完全な合意は不可能かもしれないが、それでも統一を求めて、個々の意見を厳しく吟味し、結びつけ、集団的に認識を深めていくことを「練り合い」や「学習の絡み合い」と呼ぶ。もはや死語に近

いが、AL型授業の発展に欠かせない過程であろう。

　AL型授業の創造を目指す教師は、目の前にいる学生・生徒たちの頭の中で何が起こっているのか、メンバー同士の思考がどのように相互作用して、集団思考が進行していくかを知りたくなるだろう。そこで助けになるのが、授業研究であり、授業分析である。現実の授業を共同検討することを媒介にした教師同士の学び合いは、授業改善の切り札であると、筆者は考える。

　「あの授業で、あの時、この生徒はこう反応したよね」、「あのグループはこんな話し合いをしていたよね」、「あの子が意外な発言したよね」など、教室の学びの事実に立脚した授業研究を行いたい。

　第2節で検討したが、注目したい1つのグループまたは一人から数人の学習者を選んで観察し、またすべての発言の逐語記録を起こして詳細に分析することは確かに手間がかかる。したがって、毎回は難しいかもしれないが、学習者の学びの姿、そのような学びの事実に即した授業研究会が、年に数回、または1回でも実施できるなら、地に足がついた授業改善が進むだろう。

まとめ

- ペア、グループ、全体(コの字)は、それぞれに異なった相互作用の特性がある。目的に応じて学習形態を組み合わせ、臨機応変に変化させよう。
- グループによる問題課題では高密度な相互作用を促進され、協同的問題解決方略が創造される。
- 学習課題(思考課題)の特性によって共通認識に至る集団思考の過程は異なる。集団思考における＜拡散／収束／深化＞のプロセスを理解し活用しよう。
- 子どもの学びの事実に基づいた授業研究を進めよう。

文献

Ambrose, S., Bridges, M., Lovett, M., DiPietro, M., & Norman, M. (2010). *How Learning Works: 7 Research-Based Principles for Smart Teaching*, San Francisco, CA: Jossey Bass.

Clark, A. M., Anderson, R. C., Archodidou, A., Nguyen-Jahiel, K., Kuo, L.-J., & Kim, I. (2003). Collaborative Reasoning: Expanding Ways for Children to Talk and Think in the Classroom. *Educational Psychology Review*, 15, 181-198.

中央教育審議会(2012).『新たな未来を築くための大学教育の質的転換に向けて―生涯学び続け, 主体的に考える力を育成する大学へ ―（答申）』文部科学省.

ガブリエル・ソロモン(2004).「個人の認知なくして, 分散認知はあるのか―ダイナミックな相互作用の観点から―」ガブリエル・ソロモン(編著)『分散認知―心理学的考察と教育実践上の意義』(松田文子監訳)協同出版, 146-176頁.

Guilford, J. P. (1967). *The Nature of Human Intelligence*. New York: McGraw-Hill.

今井むつみ・野島久雄 (2003).『人が学ぶということ―認知学習論からの視点―』北樹出版.

稲垣佳世子・波多野誼余夫(1989).『人はいかに学ぶか―日常的認知の世界―』岩波書店, 118頁.

Innes, R. B. (2004). *Reconstructing Undergraduate Education: Using Learning Science to Design Effective Learning* (pp.196). New Jersey: LEA Publishers.

水野正朗(2006).「源氏物語速読課題における協同学習による読解過程の分析」日本協同教育学会『協同と教育』2号, 38-46頁.

水野正朗(2008).「現代文学理論を手がかりにしたテクスト解釈の共同性に関する一考察―他者との相互交流による主体的な読みをめざす国語の授業―」日本教育方法学会『教育方法学研究』34巻, 1-12頁。

水野正朗(2010).「協同学習による『主観的批評の相互開示』過程の分析」柴田好章・水野正朗・清道亜都子「授業研究における理論知と実践知の統合に関する研究（3）―協同学習および作文指導における実践分析による理論の再構成の萌芽―」『名古屋大学大学院教育発達科学研究科紀要(教育科学)』57巻2号, 145-152頁.

水野正朗(2012a).「特別活動の指導における協働的な認識形成に関する一考察『金城学院大学論集(社会科学編)』8巻2号, 55-69頁.

水野正朗(2012b).「高等学校で協同の学びを仕掛ける」和井田節子・柴田好章(編著)『協同の学びをつくる―幼児教育から大学まで―』三恵社, 50-70頁.

水野正朗(2013).「協同的な学びの創造」的場正美・柴田好章(編著)『授業研究と授業の創造』渓水社, 193-207頁.

重松鷹泰(1976).『授業の随想―授業の探究―』明治図書, 126頁.

Soejima, T. (2012). Impact of Post-Lesson Discussion on Teacher Professional Development and Improving Teaching : A Case of a Public Junior High School

in Central Japan, Mizuno, M., Sakamoto, A., Soejima, T., & Sugiyama. T.（2012）. The Driving Force behind Critical Discussion on Teaching: Building a Sustainable Lesson Study in Practice. *The World Association of Lesson Studies International Conference 2012.*
上田薫(1958).『知られざる教育』黎明書房, 47頁.

●さらに学びたい人に

◉ 和井田節子・柴田好章編(2012).『協同の学びをつくる－幼児教育から大学まで－』三恵社.
▶協同の学びの実践と理論が校種別に具体的に紹介され、授業研究会の持ち方、学校を超えた地域での授業改善なども取り上げられています。

第4章

知識構成型ジグソー法

益川　弘如（静岡大学）

第1節　新たな疑問や問いが生まれる対話へ

　アクティブラーニングを導入する目的は、21世紀の知識基盤社会において一人ひとりなりに「他者と協働しつつ創造的に生きていく」ことができるよう教育機関で「学び方の学び」を保証していくためである。ここでの学び方とは、他者とともに新たな知識を創造する方法と言ってもいいだろう。この学び方のよさを「型」としてではなく「利用可能な」そして「利用したい」という価値を認め、よいと思えるレベルで得るためには、教育課程内において、そして教育機関間においても一体的に一貫した形で協調的な知識創造活動を量・質共に経験させることが重要であろう。

　教育機関で導入すべきアクティブラーニングは、教員が設定した学習目標範囲内での知識習得を目的とする「後向きアプローチ」ではなく、教員が設定した学習目標を超え、学習者自身が知識を創造していく「前向きアプローチ」でデザインする必要がある(白水・三宅・益川, 2014)[1]。後向きアプローチのアクティブラーニングは、学習活動を通して教員が設定した正解に到達すること自体が目標となる「正解到達型アクティブラーニング」である。一方、前向きアプローチのアクティブラーニングは、学習活動を通して教師が設定した正解に到達すると同時に、そのプロセスの中で他者との対話を通じてさらなる疑問や問いが生まれ、自分なりの理解や考え方の適用範囲を広げ、創出

していくような「目標創出型アクティブラーニング」である。この目標創出型アクティブラーニングを教育課程で一貫した形で量・質共に経験させることで、短期的な目標であるテストや入試のための暗記・記憶がゴールとなる「学び方の学び」から、学習内容をいかしながら社会で他者とともに新たな知識を創造する活動がゴールとなる「学び方の学び」にシフトさせることができるだろう。

　本章で紹介する「知識構成型ジグソー法」は、オリジナルである「ジグソー学習法」の型を共有しつつも、「正解到達型アクティブラーニング」ではなく「目標創出型アクティブラーニング」になるよう工夫がなされている。「目標創出型アクティブラーニング」に重要となるのは、各教科・科目等の領域知識に関する「深い理解」と同時並行で「学ぶ力」が発揮されるという点である。そのため、知識構成型ジグソー法では、学習者に活動させるために明確に「問い」を持たせることと、悩み対話しながら「考える材料」としてのエキスパート資料の準備をすることが鍵となる。この問いと材料は、実践者が想定する学習者が「いかに活動するだろうか」をどれだけ事前に具体的にシミュレーションできるかに依存する。そのため「知識構成型ジグソー法」を用いた授業づくりの設計段階では、教員同士でシミュレーションしながら検討していくことが「正解到達型」にならず「目標創出型」につながるだろう。以下、知識構成型ジグソー法が誕生するまでの経緯を紹介し、正解到達型ではなく目標創出型アクティブラーニングとして知識構成型ジグソー法が機能していくためのポイントを紹介する。

第2節　知識構成型ジグソー法の誕生まで

　本節では、知識構成型ジグソー法が一つの有効な目標創出型アクティブラーニングの方法として確立する歴史的背景をまとめる。ジグソー学習法の「型」としてのオリジナルは1970年代、社会心理学者のアロンソン（Aronson, E.）を中心とした研究グループによる「ジグソー学習法」の開発である。その

誕生背景には「授業デザインの工夫によって競争文化から脱却した学習集団の形成」という考え方があった。しかし、当時の学校での学習は「知識習得」が目標となっているため、いわゆる「正解到達型アクティブラーニング」での活用が主であった。その後、認知心理学者・学習科学者であるの研究領域では、アン・ブラウン(Brown, A. L.)を中心とした研究グループは1980年代後半から1990年代にかけて、深い理解の構成を実現していくために、ジグソー学習法を効果的に活用していくための研究を始めた。1990年代後半からこの研究をさらに発展させ、三宅なほみを中心とした研究グループは建設的相互作用研究の成果を基に、研究者・教育委員会・現場の先生方と実践を積み重ねながら「目標創出型アクティブラーニング」につながる「知識構成型ジグソー法」を確立させた。この知識構成型ジグソー法は、学校の教育課程内にて各教科単元内の要所要所に導入することで、学習者が「他者とともに知識を創造することの良さ」を同時に学び、ジグソー法を導入しない授業においても目標創出型アクティブラーニングになっていくような「一体的な授業改革」につながるのが特徴である。また、学習活動は、認知学習理論に根差した形で「知識構成」が引き起こされやすいデザインになっている一方、学習課題や学習内容については教員同士でコミュニティを形成しながら継続的に探求していく「自由度」も保証されている。実際に現在、東京大学大学発教育支援コンソーシアム推進機構(CoREF: Consortium for Renovating Education of the Future)が中心となって多くの教育委員会、学校、教員がコミュニティを形成して取り組んでいる。

ジグソー学習法の歴史的背景の詳細は益川・尾澤(印刷中)を参照していただきたいが、以下、アロンソン、アン・ブラウン、三宅なほみの取り組み経緯を順に紹介することを通して、「知識構成型ジグソー法」を位置づけていく。

(1) 子どもたちが協力して学ぶためのジグソー学習法

1970年代、アロンソンらがジグソー学習法を開発するに至った社会的背

景には、アメリカにおける「競争社会」と「差別社会」の2側面があったという（アロンソン, 1986）。そのような中、アロンソンの研究グループは、人種差別を廃止した学級におけるよりよい教育プログラムを構築するため、「スモール・グループ・ダイナミックス」や「社会的相互作用」の研究から収集した原則を総合して編み出したのが「ジグソー学習法」だった。

ジグソー学習法では、子どもたちが互いに情報の供給源として信頼し合わなければならない過程をつくり出している。その方法は(1)個人間の競争が成功と両立しないような学習過程を構成して(2)集団における子どもたちの間の協働活動の後でのみ成功が必ず起きるようにすることである。

初期の取り組みに、小学校5年生の「偉大なアメリカ人の伝記」の単元の「ジョセフ・ピューリッツァーの伝記」について学ぶジグソー学習法の授業実践がある。6つの段落からなる伝記教材を作成し、30人の学級を5つのグループに分け（1グループ6人）、最初、各段落を一人ずつ担当させた。最初の段落は、ピューリッツアーの家系とどのようにしてアメリカに来たのか、第2段落はピューリッツアーの少年時代と成長期について、第3段落は若者としてのピューリッツアーとして、など、段落ごとに人生の主要な局面を含めた内容になっていた。子どもたちは自分の段落を2〜3回読み通した後、同じ段落を担当した仲間と一緒になり相談する。そして、最初の6人グループに戻り「分担したパラグラフを互いに教え合おう」と伝える。各個人はピューリッツアーの全人生についてテストされるため、すべての資料を学習するためには、互いに資料内容を聞き、話す必要が生じる。

それぞれの子どもたちが大きな絵の中の絶対に必要な一片を持っているというようなジグソーパズルが想起されるため、ジグソー学習法と呼ぶようになったという。この構造化された状況下では「子どもたちの間に互いを必要とする相互依存性」ができ、一人ひとりがばらばらではなく「何事も一緒に進行している」状況となり、子どもたちは学習に向けてともに積極的に努力するようになったようだ。

数年にわたる実践の結果、教室の人間関係は良好になり、学力テストの得点

も向上したという。また、教科が苦手な子どもたちにとっても、周りの高い学習動機を持った仲間が刺激となり、授業の参加態度も向上したとしている。

　また、実際のグループの構成の仕方や活動方法の事前学習についても触れている。ジグソー学習の理想のグループ人数は3～7人としている。人数が少ないと多様な人たちとの学習機会が減り、多いと個々の子どもが話す機会が短くなる。またグループ構成は理想的には、男女、読解力の差異、自己主張する・しないの性格の差異、異なった人種や民族が組み合わさっているような多様なメンバーがいいと言っている。さらには、グループでの話し合いがうまくいくよう、競争的な行動はグループを妨げ、個々人の成功をも不可能にすることに気づいてほしいため、事前にチーム作りのゲーム等を実施して訓練を行うことが有効だとしている。

　この時代での取り組みでは、教師の権威による学習から、子どもたちが協力して学習する形態へのシフトが主であった。そのため、「人間関係」「学力向上」に主軸を置いており、学び方の「型」を学ぶことが重視されていたと言えよう。「正解到達型アクティブラーニング」の枠内としては完成度の高い方法と言える。しかし、21世紀の知識基盤社会において、「どのような他者とでも対話を通して新しい知識を生み出すことができる」ような経験を教育課程で行う必要があるという視点から考えると、メンバーの構成や、チーム作りの訓練という「教師主導」の仕組みが入っている点は一考の余地がある。また、ジグソー活動の学習目標はあくまで教員が設定した内容となっており、他者との相互作用を通した理解の適用範囲を広げ、さらなる疑問や問いを保証するような「目標創出型アクティブラーニング」のデザインまで洗練されていなかったと考えられる。

(2) メタ認知を高めるジグソー学習法の活用

　アン・ブラウンは1970年代、記憶や文章理解に対する認知過程の調整のスキルである「メタ認知」を向上させる研究に取り組んでいた。当時の実験では、物ごとの記憶の苦手な子どもに対して、日常生活の中にある思い出しや

すい手がかりと一緒に覚えることで記憶しやすくする「記憶方略」を教えることで、どれだけ「メタ認知スキル」が向上するか調べていた。ある実験では明示的に「どこに絵があったかを覚えておくと後で役に立つよ」など強調する取り組みなどを行った。結果、さまざまな記憶方略を訓練することで、その実験場面の範囲内であれば記憶成績が向上し、メタ認知スキルが向上したかのように見えた。しかし、その場面でメタ認知スキルを使えたとしても、実験終了後の日常の学校場面等ではメタ認知スキルを発揮することはなかった。訓練成果が未来の学習までつづくことがなく、「その使い方が他の場面で役立つ」というメタ認知に対する知識を得ることができていなかったのである。このような研究経緯もあり、研究の視点が「訓練して直後の成果を示すこと」から「実際の学習場面で意味のある活動をさせることでメタ認知に対する知識を獲得させ、長期的視点から未来の学習時に主体性を引き出すこと」を目標とする研究へとシフトした(Brown, 1992)。まさに「目標創出型アクティブラーニング」を実現する研究にシフトすることになる。

　アン・ブラウンらの研究グループは1980年代後半から1990年代にかけて、現場の先生と協働しながら実際の教育課程の授業時間内での実践的な取り組みを行うようになった。FCL(Fostering Community of Learners)プロジェクトでは、数週間から数ヶ月かけて行うプロジェクト学習で、ジグソー学習法の教授法の導入に加え、一貫した科学資料を準備し、学習者が知識とともに学ぶ力を獲得できるよう「目標創出型」でデザインした。授業展開は、下記のように進む。

①「食物連鎖」というテーマの学習であれば、はじめに「食物の生産」「消費」「再利用」「分配」「エネルギー交換」という5つのトピックを提示し学習者はいずれかを担当する。
②担当の「研究グループ」で、担当内容を説明するための資料を作成する。
③ジグソー学習法により各グループから1名ずつ集まって「学習グループ」をつくり、内容を教えあう。その際、各自が担当したトピックの資料に

ついて相互教授法を使って読み合う。
④最後に理解したことを活用して「砂漠に適した生物をデザインする」などの発展問題を解く。

　授業途中では、グループ間で情報を共有するために「クロストーク」と呼ばれるクラス全体の議論が行われ、学習グループから研究グループに戻るなど、状況に合わせて柔軟に活動を組み合わせていく。研究グループでは、文献調査だけでなく、専門家から話を聞いたり、フィールド調査を行ったりした。
　実践結果は、多様な評価手法を用いて評価している。読み書きやICT活用スキルの向上や、単元の内容知識の定着に加え、「平原から餌とする動物がいなくなったら、チータは絶滅するか？赤ちゃんのチータはどうか？」というインタビューを行って、さらなる高次の問題にチャレンジさせたり、転移テストをグループや個人で取り組ませた。その結果、学んだ知識を持ち出し統合して答えることができ、「正解到達型」の学習を超えた学びを引き起こせていた可能性が高い。このFCLプロジェクトでは、知識を理解していく活動の文脈の中で、不完全な知識からでも推論しようとする知識創造活動や、メタ認知能力といった資質・能力との一体的な育成が示唆されている。またこのような実践を小学校2年生でも実現可能なことを示している(Brown, 1997)。

FCLプロジェクトの学習活動の構成要素

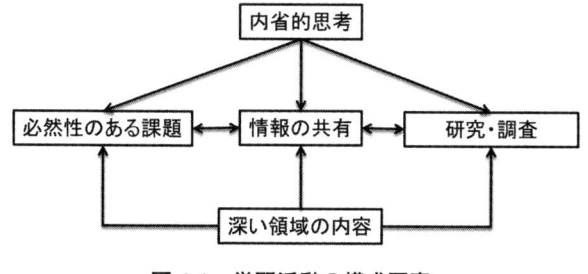

図4-1　学習活動の構成要素

図4-1はFCLプロジェクトの学習活動の構成要素を引用したもので(Brown & Champione, 1996)、内省的思考を働かせるメタ認知に支えられ、そして深い領域内容としての知識・技能を、必然性のある課題のもとで研究・調査、情報の共有をすることが大事だとしている。

　FCLプロジェクトでは、単元内容と深く根差した形でジグソー学習法を、時間をかけて埋め込む形で成功事例を積み上げていった。三宅なほみは、FCLプロジェクトの成果を引き継ぎつつ、1990年代後半から2000年代の初期には認知科学を専攻とする大学学部授業のカリキュラム内に協調学習支援システムReCoNoteとの組み合わせることで、2年間のスーパーカリキュラムを開発し、自ら実践検証に取り組んだ(白水・三宅, 2009)。その後、2010年代には小中高等学校にも取り組みを広げ、より多くの教員に対して共有可能で、教科書の内容を活用でき、さらには最短45分・50分・90分といった1授業内で完結可能な形で、目標創出型アクティブラーニングとなる方法として「知識構成型ジグソー法」を確立していった。

第3節　知識構成型ジグソー法の背景と流れ

(1)建設的相互作用

　三宅なほみは、東京大学大学発教育支援コンソーシアム(CoREF)の活動を通じて、目標創出型アクティブラーニングであり、かつ学習者の学び方の学びに繋がる学習方法である「知識構成型ジグソー法」を開発した。この知識構成型ジグソー法の型を支える中心的原理が、2人で一緒に問題を解く過程を詳細に分析し得られた「建設的相互作用」(三宅, 1985)という考え方である。

　三宅(1985)は博士論文の研究で、ミシンはどうして縫えるのか？という「問い」をペアで共有し話し合う活動を詳細に分析している。その結果、理解が深まっていく知識創造プロセスは「わかる」と「わからない」の繰り返しで、そのプロセスを引き起こしているのは他者の異なる視点からの新たな質問(問い)だった。そこでは、各自の対話開始時点での理解レベルの違いに関わ

らず、最終的には両者それぞれなりに理解が深まる。例えば理解の浅い人から質問を受けた理解の深い人も、より相手が納得するよう両者の視点を統合して俯瞰する説明の構築につながり、結果、さらにその人なりに理解を深めることができていた。人は一度「わかった」つもりになるとそれ以上深めようしないが、他者との相互作用によって次の「問い」や「疑問」になる「わからない」が生まれ、継続的に知識構成活動が続く。この「わかった」から「わからない」へのシフトは「ミシンの縫い目→糸1と糸2が絡み合う→下糸が輪の中を通る→輪がボビンの後ろ側に隙間ができるようにできている→ホルダーはカラーの中におさまっている」というように続く。一つの問い（「どうしてそのような機能を持つのか？」というように「機能」の仕組み探しと置き換えられる）に対して、その問いに対する答えを説明すると、その説明の構成理由が知りたくなる（機能の仕組みである「機構」を答えとして説明すると、その機構自体は「複数の機能」で構成されており、その各機能の機構が知りたくなる）というように、機構の集合体である機能に対してその機能の機構を知りたくなるという「機能—機構ヒエラルキー」が存在し、それが建設的な相互作用を引き起こし、理解を深め、知識の適用範囲を広げていくという。

　この建設的相互作用では、共有した「問い」に対して、その場に参加した人が参加する前と後とで考え方を「建設的」と呼べる方向で変化させたと認められるものを指しており、学習成果が将来必要になる場所と時間まで持って行くことができ（可搬性）、学習成果が必要になったときにきちんと使え（活用可能性）、学習成果が修正可能であることを含めて発展的に持続する（持続可能性）考えに変わっていく活動であるとしている（三宅，2011）。

(2) 知識構成型ジグソー法の流れ

　知識構成型ジグソー法は、学習者同士が悩み対話し疑問や問いを生み出すような建設的相互作用を教室内で短時間に、各教科等の理解を深める活動と合わせて引き起こすことができる「型」が埋め込まれているのが特徴である（図4-2を参照）。

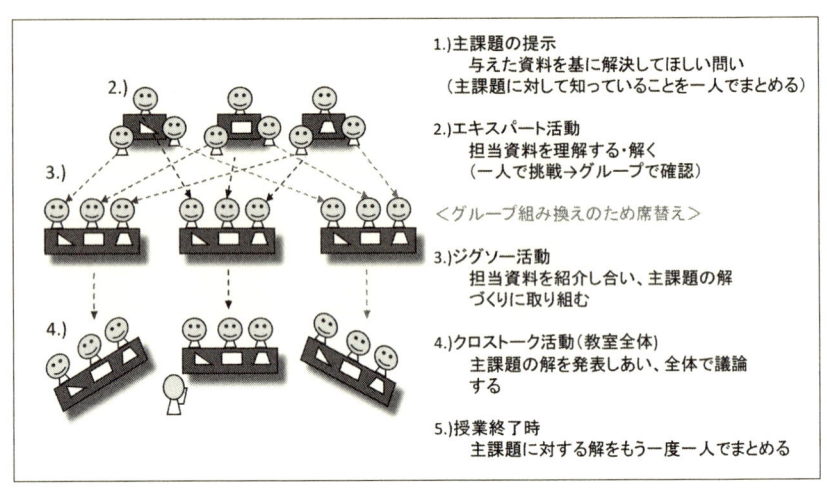

```
                            1.) 主課題の提示
                                与えた資料を基に解決してほしい問い
                                （主課題に対して知っていることを一人でまとめる）
    2.)
                            2.) エキスパート活動
                                担当資料を理解する・解く
                                （一人で挑戦→グループで確認）
    3.)
                            ＜グループ組み換えのため席替え＞

                            3.) ジグソー活動
                                担当資料を紹介し合い、主課題の解
                                づくりに取り組む
    4.)
                            4.) クロストーク活動（教室全体）
                                主課題の解を発表しあい、全体で議論
                                する

                            5.) 授業終了時
                                主課題に対する解をもう一度一人でまとめる
```

図4-2　知識構成型ジグソーの流れ

①主課題の提示と最初の考えの記入

最初に、本時に取り組んでほしい「問い」を主課題として提示する。この「問い」を学習者は共有した上で、最終的には問いに対する答えを深めていくことになる。そして学習活動に入る前に、授業開始時点での「問い」に対する自分なりの解答をワークシートに書き留めさせる。この解答は授業終了時の解答と比較することで授業を通した知識の変容を評価することができる。

②エキスパート活動

次に教師が準備した複数資料（標準的には3種類）の中からいずれか1種類の資料を担当し、グループで内容を把握する。最初に個人で資料内容の把握や解決活動に取り組んだ後、エキスパートグループのメンバー内で確認し合う場合が多い。担当資料の専門家になるという意味でエキスパート活動と呼ばれている。ここのエキスパート活動はあまり時間をかけないようにする必要がある。そのため、資料内容も読み取りや解く時間がかからない程度で準備するのがポイントである。

③ジグソー活動

　そして、席替えをして、別資料を担当した人と一緒に新たな班(3種類の資料であれば3人班)を編成し課題解決に取り組む。ここでは、相手が知らない内容を自分が持っていることになるので、伝える必然性、聞く必然性が生じる。またクラス全員が話をすることにもつながる。該当教科が苦手な学習者であっても得意な学習者が知らない情報を持っているため、苦手な学習者が得意な学習者に説明することができ、また得意な学習者も苦手な学習者から情報を得るような活動となる。そして、各内容を比較したり俯瞰統合したりしつつ、悩み対話しながら主課題に対する解答を構成していく知識創造活動となる。

④クロストーク活動

　ジグソー活動での対話によって構成された解は、資料には直接書かれておらず各グループなりの語り(ストーリー)で構成されるため各グループ多様になる。その解をクラス全体で共有し、またその共有した内容を比較参照することでさらに内容を深めることにつながる。新たな疑問や問いも共有していき、理解内容や考え方の適用範囲を広げていく。

⑤授業を通して構成した解を各自まとめる

　最後に自分なりに納得して構成した解答をワークシートに書き留めさせる。学習者自身、授業開始時の書き込み内容からの変容を振り返ることも可能であると同時に、教員がその変容を把握することで、次時の授業でより各自の学びを広げていくためのデザイン修正のヒントにもなる(図4-2を参照)。

　詳細については、「協調学習授業デザインハンドブック―知識構成型ジグソー法を用いた授業づくり―」というハンドブックが東京大学大学発教育支援コンソーシアム推進機構(CoREF)のWebサイトからダウンロード可能になっている(2015)。参照していただくと、より具体的な姿がわかるだろう。

CoREFでは、三宅らが中心となって全国各地の小中高等学校や教育委員会と共に知識構成型ジグソー法を用いた授業実践や研修などの取り組みを広げている(大学発教育支援コンソーシアム推進機構、2011-2015、詳細はhttp://coref.u-tokyo.ac.jpにて。多数の指導案・教材を参照可能)。

例えば竹田市立久住中学校3年生理科の実践では、「塩酸に電流が流れる時、何が起きているだろう?」という課題に対し「陽イオン」「陰イオン」「原子のつくり」の3資料を用意し、目に見えない現象の概念理解の創造を狙った。事後テストで通常型授業と正答人数を比べたところ、事実を問う実験結果の確認問題はほぼ同じ(63%対61%)で、化学式で表す問題は通常授業の方が上回っていた(25%対8%)が、概念理解を問う電流が徐々に流れなくなる理由を問う問題ではジグソー授業の生徒の方が多く説明できていた(33%対64%)。

知識構成型ジグソー法は実践者にとどまらず、多くの教員に取り組みが広まっている。2014年度の推計で小中高等学校の1200名程度の教員が実践し、のべ7万名程の児童生徒が体験しているという。そこでは、「答えの根拠が説明できるようになる」「長期経過後も学習内容を保持している」「学習意欲が向上する」「分かった先にある疑問に気付く」などの学習成果が得られているという。

また、筆者も教育学部や教職大学院授業で積極的に知識構成型ジグソー法を導入し、受講学生の教育・学習観の変容も目標に入れた形で授業カリキュラムを展開している(益川・村山、印刷中)。

第4節 正解到達で満足しない学習活動にするための工夫

知識構成型ジグソー法は建設的相互作用の考え方が埋め込まれた一つの型であり、上手く機能すれば、コラボレーション、コミュニケーション、イノベーションといった資質・能力を発揮しつつ、各エキスパート資料の内容を出発点として、悩み対話しながら学習者なりの解を創造していく「目標創出型アクティブラーニング」となる。しかし、学習者にとって追求したい「問い」や「考える材料」が揃っていなかったり、学習活動に対して教員による過

度な介入があると「正解到達型アクティブラーニング」にとどまってしまう。多くの学習者に深い知識構成と資質・能力を引き出すための、気をつけるべきポイントを以下に挙げる。

①主課題の問いの立て方と資料の構成：事実の理由を問うような、難易度は高いが学習者にとって明快な内容で対話し考えたいものにする。資料の構成は、比較俯瞰する活動を通して主課題の回答に迫ることができるヒントとなる内容にする。

②協調活動の進め方に対する支援：話し合いや発表の方法といったスキルの訓練を先に行ってから話し合いをさせるといった対話の型を優先したり、解答のヒントを示すような過度な支援をしない。学習者同士が悩み対話するような、自然に起きる活動を大事にする。

最初の主課題の問いの立て方であるが、よく見られる失敗例は「〇〇について考えよう」といったような、何らかの意見や考えが出てくると主課題に対する目標が達成されてしまうような曖昧な問いである。建設的相互作用を引き起こすには、各担当資料を比較吟味し、俯瞰統合する価値のある難易度の高い主課題を設定する必要がある。

CoREFの活動報告書の事例から紹介すると、主課題に工夫のない単なるジグソー学習法では、「豊臣秀吉がつくった3つの制度について学ぼう」という主課題で「太閤検地」「身分統制令」「刀狩令」のエキスパート資料で学習を行わせる。すると授業最後のまとめは「秀吉は村ごとに石高と耕作者を定める太閤検地、武士と農民を厳しく区別する身分統制令、農民から武器を取り上げる刀狩りという3つの制度を作った」となり、3つの資料を並べてコピーすれば実現するような回答で、協調的に悩み対話し知識構成をしたとは言えない。「正解到達型アクティブラーニング」の典型例とも言えるだろう。

これに対して主課題を「豊臣秀吉はどんな社会を作ったのだろうか」という主課題変えて実践したところ、最後のまとめでは「秀吉は、武士と農民を厳

しく区別し、刀も取り上げて、農民が確実に年貢を納めないといけない社会を作った。これによって農民が反乱することを防ぎ、年貢も確実に手に入るので、武士にとっては安定した社会になった」と答え、直接的に資料には記載していない内容を対話から生み出すことができる。また「いまって誰にとって住みやすい社会なのかな？」といった、構成要素の俯瞰吟味からさらに理由を追求したくなるような、さらなる疑問を生み出すことにも繋がったといい、このような未来の学習に繋がる知識構成を引き起こすことが大事である。このような学習活動であれば「目標創出型アクティブラーニング」と言える。このような学習を引き出すためには、資料の構成も、直接答えが記述されていて各資料の内容を並べればいいものではなく、比較俯瞰統合して答えを構成していくヒントになる内容である必要があるだろう。

　次に協調活動を活性化する支援方法については、聞き方話し方といった対話方法の訓練を積むことが重要ではなく、悩み対話したくなるような比較俯瞰統合活動を引き出す教材構成が重要であり、また悩み対話する活動を遮るような教師の支援は、逆に協調活動を止めてしまう危険性がある。

　静岡大学の学習科学研究教育センター（RECLS）と共同研究を行っている伊東市立東小学校では、授業中盤での班活動を活性化させるため「人間関係の配慮」「事前の話型指導」「司会役を設けて活性化」など実施してきたが、すべての子どもたちに知識創造を引き起こすことが難しかった。そこで2011年度6年生算数「組み合わせ」での各班の発話を分析した（遠藤ら, 2011）。その結果、疑問を出しつつ理由を話し合う「悩みながら対話班」と、答えの数値を言い合う「考えたこと紹介班」に分かれた。前者は各自が対話に持ち寄る考え方に多様性があり（場面設定・図・計算方法）、考え方の行き来の中で問いや疑問が生まれていたが、後者は多様性が見られず図でのやりとりに終始していた（図4-2を参照）。1か月後に後者の班は学習内容を説明できなかった。2012, 2013年度は対話の多様性を保証するために3種類の考え方をエキスパート資料としたジグソー授業にした結果、多くの班が悩みながら対話するようになった。授業1ヶ月後以降に組み合わせの解き方について書かせたところ、

説明できた子どもの割合が2011年度61%だったのが2012年度88%、2013年度95%に上昇した。対話の型を訓練して「考えたことをきれい話す振る舞い」ができることよりも、「悩み対話しながら答えを生み出す過程を共有していく」ことが大事だった。

さらには、ジグソー活動での教師の介入による知識構成プロセスの影響を2012年度の全グループの発話データを詳細に分析して検証した(遠藤ら 2015)。その結果、悩み対話している場面で、授業者による「○○さんの解が合っていそうだね、グループのみんなに説明してみて」といった正解を同定する介入や、特定の方略や考え方を価値づけるような介入は、その後の学習活動を止めてしまうことが明らかになった。そして授業5ヶ月後に実施した回顧調査から、これら介入があった班の意味理解の定着がよくないことが明らかになった。もしグループ活動に介入する場合には、多視点からの比較俯瞰統合を引き出すような自律的な学習活動を促す介入が望ましいだろう。

第5節　目標創出型の授業づくり判定基準

目標創出型アクティブラーニングとして授業を設計するために、授業設計者自身、もしくは実践者コミュニティ内での対話の材料となる目標創出型の授業づくり判定基準を以下紹介する。「学習課題」「学習教材」「学習活動」「学習記録」の4要素について、それぞれ4段階で判定可能となっている。段階1の方が「正解到達型」を促すような設計であり、段階4の方が「目標創出型」を促すような設計になっていると判定できるよう工夫した。なお、この判定表は筆者が作成し、現場で試行運用中のものであり、運用結果をもとに利用者自身が改善発展していくような「前向きアプローチ」で用いていきたいと願っている。

【A】学習課題(持たせる問い・主発問)

段階1：学習者に問いを持たせず(「今日は〜を紹介します」など)授業が進む。または学習者に持たせる問いが曖昧で、共有できず一人ひとり解釈が異なる。

段階2：直接、本時の目標となる解や事実を求めるもの(塾で学んだ子は知っているような)または内容が簡単で大半の学習者は課題が出た時点ですぐにわかってしまうもの。

段階3：学習者同士で共有できる問いであり、直接的に解や事実を求めるのではなく、複雑で発展的なものを求めるが、学単に「〜を作ろう」など求められている質が焦点化されてなく児童生徒の思考や活動の自由度が高すぎ、教師のねらいと外れそうなもの。

段階4：学習者同士で共有できる問いであり、解や事実の理由、根拠、条件(なぜ、どうして)を求めるものになっている。焦点化された活動の中で、目標に到達すると同時にさらなる疑問や問いが生まれるもの。

【B】学習教材(考える材料・用いる資料)

段階1：考える材料や資料をわたさない。個人の既有知識をもとに(苦手な学習者は頼りになる情報を持っていない)考えさせるため、個々人の知識・能力に依存する。

段階2：材料や資料をわたすが、その材料や資料の中に、本時の目標である直接的な解や説明内容が書かれている(情報をコピーすれば課題が達成できてしまう)。

段階3：考えるためのヒントになる材料や資料を渡す。しかし、それら各資料を俯瞰して比較対照したり統合することが困難で、学習者は並べてまとめることしかできず、リストアップ的なまとめとなる。

段階4：考えるためのヒントになる材料や資料を渡す。学習者はそれら各資料を俯瞰して比較参照したり統合することが可能で(構成的になっていて)、学習者なりの考えを創り出すことができる。また、さらなる疑問や問いが生まれる。

【C】学習活動(対話する時間・考える時間)

段階1：検討時間が短い中、グループ活動中、または全体場面で、教員か

ら追加説明、疑問や問い、確認といった支援を次々と出されてしまい、学習者自身がじっくり考える時間がない。

段階2：話し合い活動が、一人ずつ順番に考えたことを説明して終わっていたり、解けた人が教えるといった、まとめた内容をきれいに紹介することを求めるような話し合いの時間になっている。

段階3：話し合い活動が、「教員が求める解」は何かを追求するような、決められた正解に到達するための「答えは何になったか」の対話の時間が確保されている。

段階4：話し合い活動が、多様な視点から理由を考えていくような対話の時間になっている。「わかる」「わからない」を繰り返しつつ一人ひとりなりに考えを作り深め、正解に加えてさらなる疑問や問いが生まれるような、悩みながらの対話が保証されている。

【D】学習記録（考えの共有・変容の評価）

段階1：学習記録の仕掛けが用意されてなく、ワークシートやICTなどが活用されていない。ノートの利用も、教員のまとめた板書を写すことが大事とされている。学習者の学びの変容が読み取れない。

段階2：ワークシートが活用されているが、正解到達のためにスモールステップで解を求め記入させる構成になっている。もしくは、ICTが活用されているが、わかりやすく提示し解や事実を伝えるような使い方になっている。

段階3：ワークシートやICT活用が、学習者の学びを可視化し、比較参照させる活動が意図的に入っていて、対話を促進するような使い方になっている。学んだ結果が記録されていて、達成具合を知ることができる。

段階4：ワークシートやICT活用が、学習者の学びを可視化し、比較参照させる活動が意図的に入っていて、対話を促進するような使い方になっている。また、学習者の授業開始時と終了時の学びの変容や、疑問や問いが記録されていて、教員や学習者同士で共有でき、次の学びや授業展開につながる評価ツールにもなっている。

第6節　カリキュラム・マネジメントと実践コミュニティ

　知識構成型ジグソー法を授業の要所要所に導入していくことで、教育課程内で一体的に一貫した形で協調的な知識創造活動を量・質ともに経験させていく起爆剤になると考えられる。しかし前述したように、「型」のみの導入では「正解到達型アクティブラーニング」となってしまう。「目標創出型アクティブラーニング」となるよう、学習課題となる問いの設定や教材の準備など、継続的な教材研究が重要となってくる。

　目標創出型の学習活動に取り組ませるためには、従来のように学習目標をスモールステップになるよう細かく刻んで、学習者自身による興味が湧きにくい事柄の範囲で「本時の目標に直接的につながる単純な問い」を設定するのではなく、学習者の実態に沿った「解いてみたい・考えてみたい挑戦のしがいのある問い」にすることが重要であろう。そのヒントになるのが、教育課程全体から「問い」の位置づけを考えていく「カリキュラム・マネジメント」の視点である。教科横断的な視点であったり、現実社会の課題や学習者の生活場面とつながるさまざまなトピックを教科や単元の内容に接続する形となる「問い」は、学習者自身が学ぶ力を発揮させて取り組みたくなり、さらなる疑問や問いも生まれるような活動になるだろう。

　このように知識構成型ジグソー法に基づく授業づくりは、教材研究がとても重要となるため、さまざまなバリエーションを検討していく上でも、教員一人でなく教員同士でネットワークを創りながら情報交換できるコミュニティ形成が重要となるだろう。一定の解があるわけでなく、学習者の既有知識の状態によって、同じ単元でも用いる「問い」や「考える材料」は変わってくる。それらバリエーションや実践成果を実践コミュニティ内で共有したり、相互に授業シミュレーションを行うようなことができれば、さらに効果的な実践事例が集まり、常に高まっていくような「目標創出型」の教員コミュニティが形成されるだろう。

各巻との関連づけ

第6巻の「現代社会とアクティブラーニング」と題する第2章（成田秀夫）では、「教育は、システムであり同時に人であり、また実践であり同時に理論でもあり、それらを往還することで深まるものである」という故三宅なほみの問題提起を紹介しています。

まとめ

- 教育機関で導入すべきアクティブラーニングは、教員が設定した学習目標範囲内での知識習得を目的とする「後向きアプローチ」ではなく、教員が設定した学習目標を超え、学習者自身が知識を創造していく「前向きアプローチ」でデザインする必要がある。本章では前向きアプローチのアクティブラーニングを「目標創出型アクティブラーニング」と呼び、後ろ向きアプローチの「正解到達型アクティブラーニング」と区別する。

- 知識構成型ジグソー法は、学習者同士が悩み対話し疑問や問いを生み出すような建設的相互作用を教室内で短時間に、各教科等の理解を深める活動と合わせて引き起こすことができる学習理論に支えられた「型」が埋め込まれているのが特徴である。

- 知識構成型ジグソー法が目標創出型アクティブラーニングとして機能するためには、学習者に追求させたい「問い」を持たせ、その問いに対する解答を構成する上でヒントになる「考える材料」を準備する必要がある。

- 「問い」と「考える材料」の設定は、対象学習者の既有知識を考慮しつつ、学習目標達成と同時にさらなる疑問や問いを持たせる必要があるため、事前の教材研究と学習者の学習活動の想定シミュレーションの質に依存する。

- 継続的に効果的な知識構成型ジグソー法の授業づくりを進めていくためには、過去の実践事例（同単元でも複数のバリエーションがあることが大事）を共有し、相互に授業シミュレーションし合えるようなコミュニティの形成が重要となる。

注
1 山内(2014)は、完全習得学習型と高次能力育成型とに分けている。

文献
Aronson, E. (1978). *The Jigsaw Classroom.* Sage. アロンソン,E.（1986）.『ジグソー学級—生徒と教師の心を開く協同学習法の教え方と学び方』(松山安雄訳)原書房.
Brown, A. L. (1992). Design Experiments: Theoretical and Methodological Challenges in Creating Complex Interventions in Classroom Settings, *The Journal of the Learning Sciences*, 2(2), 141-178.
Brown, A. L. (1997). Transforming Schools Into Communities of Thinking and Learning About Serious Matters, *American Psychologist*, 52(4), 399-413.
Brown, A. L. & Campione, J. C. (1996). Psychological Theory and the Design of Innovative Learning Environments: on Procedures, Principles, and Systems, in L. Schauble & R. Glaser（Eds.）, *Innovations in Learning: New Environments for Education.* Mahwah, NJ: Lawrence Erlbaum Associates, 289-325.
遠藤育男・益川弘如(2011).「話し合い活動の質を検証するための回顧テストの活用」『日本教育工学会研究報告集』11(4)号,19-26頁.
遠藤育男・益川弘如・大島純・大島律子(2015).「知識構築プロセスを安定して引き起こす協調学習実践の検証」『日本教育工学会論文誌』38(4)号, 363-375頁.
益川弘如・村山功(印刷中).「教職大学院を中心としたスケールアップの拠点形成」『教育工学選書　学びのデザイン：学習科学』ミネルヴァ書房.
益川弘如・尾澤重知(印刷中).「協調学習の技法」『教育工学選書　協調学習』ミネルヴァ書房.
三宅なほみ(1985).「理解におけるインターラクションとは何か」佐伯胖(編)『認知科学選書4 理解とは何か』東京大学出版会, 69-98頁.
三宅なほみ(2011).「概念変化のための協調過程—教室で学習者同士が話し合うことの意味—」『心理学評論』54(3)号, 328-341頁.
白水始・三宅なほみ(2009).「認知科学的視点に基づく認知科学教育カリキュラム-「スキーマ」の学習を例に-」『認知科学』16(3)号, 348-376頁.
東京大学大学発教育支援コンソーシアム推進機構(2011〜2015).『平成22〜26年度活動報告書』http://coref.u-tokyo.ac.jp/
白水始・三宅なほみ・益川弘如(204).「学習科学の新展開：学びの科学を実践学へ」『認知科学』21(2)号, 254-367頁.
東京大学大学発教育支援コンソーシアム推進機構(2015).『協調学習授業デザインハ

ンドブック－知識構成型ジグソー法を用いた授業づくり－』http://coref.u-tokyo.ac.jp/

山内祐平(2014).『ブレンディッドラーニングの視点から』島根大学反転授業公開研究会基調講演. 当日のレポートは東京大学大学院・情報学環　反転学習社会連携講座Seminar Reportに掲載. http://flit.iii.u-tokyo.ac.jp/seminar/20140212-2.html

さらに学びたい人に

- 東京大学大学発教育支援コンソーシアム推進機構(2015). 『協調学習授業デザインハンドブック―知識構成型ジグソー法を用いた授業づくり―』 http://coref.u-tokyo.ac.jp/
  - ▶知識構成型ジグソー法という型を使った授業づくりについて、5年間の実践研究連携を通して見えてきたことを整理、共有するためのハンドブックとなっており必見である
- グリフィン, P., マクゴー, B. & ケア, E.（編),(2014)『21世紀型スキル：学びと評価の新たなかたち』(三宅なほみ監訳・益川弘如・望月俊男編訳)北大路書房.
  - ▶前向きアプローチと後向きアプローチの詳細について第3章で解説している。また第5章と第6章は書き下ろし章になっており、国内の教育との接続について解説している

第5章

アクティブラーニングを深める反転授業

森　朋子（関西大学）

第1節　はじめに

　20世紀後半にアメリカで生まれ、草の根で広まった反転授業とは、説明中心の講義などを動画化し、事前学習として学習者に視聴を促すことを前提に、対面授業では受講者がより主体的に学ぶ演習やプロジェクト型学習を行う授業形態全般を指す。近年では、MOOC（Massive Open Online Courses）と結びついて新たな教育改革のキーワードとなっている。反転授業の研究はまだ始まったばかりであり、その実践知の数は少なく、定着した定義がすでにあるわけではない。反転授業と言われる授業デザインの範疇は、まさにいま、模索されている最中なのである。

　反転授業はそもそも Baker（2000）の Classroom Flip から始まったと言われている。その後、高校の化学の教員であった Bergmann & Sams（2012）が、Flipped Classroom という用語を使うようになり、より定型的な形を作り上げた。その理由を Sams は来日の際に、〈教える〉という教員主体ではなく、生徒たちが活発に活動する学び主体の授業を作りたかったと説明している[1]。つまり反転授業は、単に授業と自宅学習の活動を反転させる新しい授業形態のことを指すのではなく、教授から学習へのパラダイム転換の取り組みの一つの形と位置づけるのが正しそうである。

　そもそも反転授業はICTと深く結びついていることから、なにやら近未来

的な教育のようにマスコミに取り上げられたりもするが、そうではない。いつの時代の教員も悩まされている、目の前の学習者の学びの格差をどのように小さくしていくのか、という普遍的な課題に試行錯誤で取り組むプロセスの中で生まれたのだ。つまり反転授業もまた、日々の実践知の延長線上で現れた教育方法であり、だからこそ草の根で広まった。前述のBergmannとSamsも部活遠征で授業を長く公欠しなければならない生徒のための工夫であり、また初等から大学レベルまで、ネットを通して高水準の教育を無償で提供するカーンアカデミーの創設者であるKahn(2012)も、そもそも数学が苦手な従兄妹を遠方からサポートすることが目的だった。このように目の前にいる学習者の理解を精一杯引き出すこと、まさにそれが反転授業を含む、すべての教育方法の目的と言える。

　日本の高等教育では2012年ごろから実践が広がり始めた。アメリカ同様に草の根で広まった大きな理由としては、以下4つが考えられる。1)反転授業が導入しやすい学習環境の整備があること。大学教育においては、すでにeラーニングやブレンド型授業などの基盤となるLMSの導入が進むと同時に、学生も手軽な端末としてスマートフォンを携帯するようになった。2)教育政策として、単位制度を実質化する具体的な予習方法として適したこと。動画を視聴する、をもって実質的な予習時間を確保することが可能になった。3)教員のニーズにマッチしたこと。反転授業の効果として、学習者の理解が格段に深まった事例がいくつか報告されている(Bergmann & Sams, 2012; Khan, 2012; 塙ほか，2014; 森ほか，2014)。とくに基礎学力の低下に苦しむ授業で導入され、成果を得た。そして最後は、4)大学教育改革におけるアクティブラーニング(AL)の文脈にマッチしたこと。事実、効果が高い反転授業では、対面授業に学生たちが相互補完的な関わりの中で学ぶ活動が導入されており、まさにALそのものである。

第2節　反転授業の新しさは何か

　ここでは反転授業の特徴を多角的に捉えるため、授業における学生の学習プロセスを中心に、**表5-1**にて反転授業と伝統的講義の授業デザインを比較してみた。

　講義では事前学習を任意としている場合が多い。結果、その学びは、授業という全員が参加する場から始まる。授業では教員主体による講義が行われ、学生はそこで初めて学習内容に出会うことになる。学生同士の相互作用は少なく、あくまでも個人が聴くという形に学習活動がとどまることが大きな特徴である。学生一人ひとりが講義の内容をどのように理解し、どのように新たな知識を構築したかはその場で外から見ることは難しい。そして後で課される宿題にて、授業で聴いた内容を個人で定着・活用してみるというのが一連の流れである。宿題にて、自らの思考と手を動かして初めて疑問や理解が足りないところが明らかになるのがつねである。でもそのときに質問できる教員や友人はそばにいない。この一般的な〈教員が教えてから学生が学ぶ〉という学習活動は、日本においては中等教育の定番であり、多くの学生には〈学ぶ〉といえばこの形が馴染み深い。

　これが反転授業ではどうであろう。実は教員主体の講義を聴くという学生個人の活動の後に、その知識を定着・活用するという一連の学習プロセスは、伝統的な授業デザインと大きな差はない。そのことは表5-1からも明らかだ。ただ学習活動自体は、授業からではなく、事前学習から始まっている。その意味だけで言えばフリップ(反転)と言うよりもスライドかもしれない。ただその前倒しには大きな意味がある。大事なことは、クラスメイトが集まる授業という場で何をするのか、ということである。講義を聴くという個々人の活動は、事前学習として自宅で済ませ、みんなが集まる授業、そして教員とよりコミュニケーションが取れる授業で知識を定着、活用する主体的な活動を展開していく。これならわからないところがあっても、教え合い・学び合いで解決できる可能性もあり、さらには即時に教員に教えを乞うことも可能

である。これは日本の大学教育改革でも指摘されているALの効果とも大きく関連があるだろう。反転授業は、まさにその主体的な学びを他者との相互作用の中で行うことによって、深い理解や多様なコンピテンシーの育成が可能になるALの授業デザインといえる。

表5-1 伝統的な授業と反転授業の学習活動対照表

授業の流れ	学生の活動	伝統的な授業デザイン	反転授業の授業デザイン
事前学習	活動主体	任意	学生
	学習活動		動画の視聴(繰り返しが可能)
	活動の単位		個人
授業	主な活動主体	教員	学生
	学習活動	講義を聴く	演習・プロジェクト型学習への参加
	学習活動の単位	個人	仲間
復習	活動主体	学生	任意
	学習活動	演習	
	活動の単位	個人	

第3節　アクティブラーニングとしての反転授業

　日本においては歴史的にも、授業デザインとしても、ALと深く結びついている反転授業だが、そのALについて少し考えてみよう。教育政策としても学習観としても、ALが推奨されるのは、全入時代を起因とする学力や学習意欲の多様化において学びの質をどのように担保していくのかという問題意識の結果であろう。それには知識のみならず、知識を活用する幅広いコンピテンシーの育成が求められており、だからこそ教育方法も一方向的な講義ではなく、「認知プロセスの外化を伴う」(溝上, 2014)ALが必要となる。ただ急激に普及する中において、実践する教育の現場ではすでにいくつかの課題も浮き彫りにされている。本章ではその課題を整理してみよう。

(1) 浮かび上がったアクティブラーニングの課題

　ALの課題を、1) 外化にまつわるものと、2) 内化にまつわるものに分けて整理してみよう。教育現場から聞こえてくるALの課題は、いま現在、主に外化を伴うものであると考えられる。その中でもグループワークに関するものが多い。たとえば、仲間の功績にただ乗りするフリーライダーの存在、またそれを避けるためグループワークの構造化の強化が引き起こす、自分の担当箇所以外への無関心、またそもそも活性化しないグループワークなどが挙げられる (森, 2015)。対面授業の活性化は、FDを要する事前における精密な授業デザインの構築と、当日の教員のファシリテーション力に大きく依存している。

　しかし実際に授業に参与し、学生の学習活動を研究対象にしている筆者の立場からすれば、学生ばかりが悪いわけではない。多くのALの授業では、その場で課題が出され、十分に準備する間もなくアクティブな外化が求められる場合が多い。その場で考え、その場で発言することが求められる現状は、ALが抱えるもっとも深刻な課題を浮き彫りにする。それは内化の不足である。外化するためには、外化したい内容が不可欠であるはずが、そこが十分ではないことで、思考と活動とのかい離が起こってしまう。そのため、外化中心のALは、いま現在、主にコンピテンシーの育成を目指したプロジェクト学習として捉えられがちであり、より深い理解や知識の定着を目指す学士課程の基礎的科目への導入が難しいとされてきた。

　これはWiggins & McTighe (2005) でも指摘されている、双子の過ちである (松下, 2015)。ある授業は、観察できる活動は活発だが、思考が欠如しており、方法に焦点化されている。もう一方は、教科書や講義ノートに沿った知識伝達型授業で、網羅に焦点を当てて内容が重視されている。この双子の状況を言い換えると、伝統的な授業デザインの〈教えてから学ぶ〉においては、〈学ぶ〉の活動を十分に担保できず、ALでは〈学ぶ〉に重きを置くがばかりに、理解、思考の部分が欠如する。このような状況において松下 (2015) は知識の獲得と能力育成を両立させることを目的とするディープ・アクティブラーニン

グを推奨している。まさに反転授業はこれら双方を課題に、現場の教員たちが取り組んだ結果、〈教える〉と〈学ぶ〉の調和的なバランスを予習と復習までを包括したトータルデザインの中で生み出したディープ・アクティブラーニングを具現化する授業デザインである。

> **第4巻**の「**高等学校に降りてきたアクティブ・ラーニング**」と題する**第3章（溝上慎一）**でも、活動主義と網羅主義という「双子の過ち」を進度の問題に関連させて論じています。
>
> 各巻との関連づけ

第4節　反転授業のデザイン

(1) アクティブラーニングの授業デザイン

　ALはその活動形態で区分されることが多いが、ここでは授業の目的に注目してみよう。大きく分けて次の2つのタイプに分けてみる。1) 能力育成型、2) 知識定着型である。

　能力育成型は、まさにALの神髄でもあるコンピテンシーの育成を主眼に置いた方法である。既存の知識を活用し、課題解決やプロジェクトを他者と協調しながら活動することで、社会に近い環境を整え、その中でさまざまなコンピテンシー育成を目指す。この場合は、従来通り、獲得された知識を評価するだけでなく、そのパフォーマンス自体を評価する必要もあることから、評価方法の新たな開発が必要となる。プロジェクト型学習や課題解決型学習、サービスラーニングなどがこれにあたり、とくに日本の大学のカリキュラムにおいては、初年次教育に導入される場合もある。2012年度時点で、93.5％の大学で導入されている初年次教育(2)）では、プレゼンテーションやグループでのディスカッションなど、外化を伴う活動をその教育目標としている授業が73.8％に達している。アカデミックスキルの獲得が目的ではあるものの、初年次教育の大きな目的としては、大学での学習や生活への適応が挙げられ

ることから、自らの基盤となる学びの共同体をどのように構築していくか、グループ活動を通じながら仲間づくりを促進する(森, 2013; 中西ほか, 2015)。

　一方、知識定着型は深い理解や知識の定着をALによってはかることを目指すタイプである。ただ現実には、このような達成目標を持つ学士課程の基盤となるコア科目において、ALを導入している授業は少ない。理由の一つとして、そもそも重要な科目は、その内容を講義と演習・実習の2つの授業を組み合わせたり、授業Ⅰ、Ⅱなどとカリキュラムで連続性を担保することも多いからだ。また学士課程教育の基盤だからこそ、〈教える〉をベースに、正しい知識の定着が求められている。しかしこれまでの多くの学習研究系の学問分野が証明してきたように、より深い理解や定着は、主体的な学びからのみ、得られるのである。ここに教育目標と方法の齟齬があるのだろう。このタイプのALの形態としては、リーディング・アサインメントやジグソー法などを用いている。

各巻との関連づけ

「能力育成型」の能力に関して、第3巻の「アクティブラーニングをどう評価するか」と題する第1章(松下佳代)では、目標としての能力をどう捉えるかを、学力の三要素と重ねて説明しています。また、第6巻の「現代社会とアクティブラーニング」と題する第2章(成田秀夫)でも、アクティブラーニングとジェネリックスキルの育成について論じています。

---

(2) 反転授業のデザイン

　実は反転授業もこの区分が有効である。対面授業における活動がALであることがその理由である。反転授業には2つのタイプがあると言われている。山内(2014)はそれを完全習得学習型と高次能力育成型と名づけている。前者は、いわゆるクラスの全員が事前学習した内容を授業の中で定着することを目的としており、ブルームの完全習得学習(マスタリーラーニング)の目的とも一致することからそのような名称がつけられたのだろう。ただブルームの完全習得学習は、教育と評価の一体化によって底上げ教育を図るものである。

反転授業においては、評価そのものの位置づけは重要ではあるものの、教育方法との一体化を前提としていないことから、ここではALの類型に合わせて知識定着型と呼ぶ。また後者は、知識を活用するというコンピテンシーに注目し、その学習レベルを〈高次〉として表しているタイプである。山内（2014）もスタンフォード大学等の研究大学におけるプロジェクト型学習を想定しているためであろう。しかし実際の教育場面では、初年次教育のような初学者レベルにおいても採用され得る授業デザインであることが明らかになった。たとえば山口大学では1年生全員が知的財産権に関する授業を必修で受講するが、その授業のいくつかはプロジェクト型の反転授業デザインを導入している。以上から本章ではこれらの実践をベースにして、こちらも高次を削除した能力育成型として説明する。

(3) 反転授業の実践
①知識定着型

反転授業の知識定着型の特徴は、事前学習で扱った学習内容を、演習を通じて定着を図ることを目的としていることである。その意味では〈教える〉と〈学ぶ〉の内容は同様のものとなる。まさに従来の授業デザインにおいては宿題になっていた部分を、教員がいる環境で学生同士の協調学習を基盤に対面授業で行う。事例を見てみよう。

【事例】自然科学系・物理の知識を用いる授業

A大学自然科学系学部のS先生は、1年生後期の物理系専門科目に反転授業を取り入れている。この授業はこの後、さらに高度な学習内容に取り組む授業がカリキュラムとして組まれている。まさに特定の学問の考え方や基盤となる技術をこの基礎の授業で理解できないと、学生はその後の授業で苦戦が強いられる。講義中心で行っていた前年度までの授業では、4割の学生が不可になり、再履修を余儀なくされている。

何かと時間がない教員にとって、一番の難関は事前学習用の動画の作成

である。これは昨年度まで授業で使用していたパワーポイントをPDF化したものに、今回、新たに音声を録音しつつ直筆の書き込みができるソフトを活用し、15分ほどの動画を作成した。評価はその学びのプロセスを大事にするため、一括した期末試験のみならず、3回に分けた小テストも合算した。

授業デザインは表5-2の通りである。本授業では1)動画を閲覧する、そしてそれだけでなく、2)その内容をまとめ、自分なりにノートを作成することの2つの課題が事前学習である。そして授業で扱う5問程度の演習も事前に公開され、余力がある学生はすでに取り組むこともできる。

表5-2 知識定着型の授業デザイン例

教育活動	学習活動
事前学習1	● 講義動画視聴
事前学習2	● 該当箇所のノート作成
事前学習3	● 演習問題の提示
対面授業 （4人1組の 協調活動）	● 演習の続き ● 教員による個別チェック ● 演習の解答説明／講義

90分の対面授業は教員による導入終了後、すぐに協調的なグループ学習に入る。事前に提示された演習問題を、グループ全員が理解することを目的に学び合い・教えあいが始まる。最初は多少ぎくしゃくしているグループでも、個人学習で理解しきれなかった学生を中心に他者を活用して必死に自らの理解を進めようとする学生の様子がうかがえた。

その間、教員は1名のTAと手分けをして各グループを回り、個人のノートの作成具合や理解度をチェック・指導して回る。ときには笑いを引き起こしながら各グループの質問に答えている様子は、授業でありながらまるでオフィスアワーのようである。授業の締めくくりの最後の10分間は、演習の解答を講義形式で教員が説明するが、実際に自分で思考したあとの講義とあって、学生は身を乗り出して話に聞き入る様子が観察されている。この反

転授業の成績を前年度の講義形式授業と比較した結果、平均点にも各段の向上が見られた。学習時間の確保と対面での協調的な活動が、力学を苦手とする学生を引き上げることにつながったのではないだろうか。単位不可の学生の割合が4割から1割程度に一気に減り、標準偏差も小さくなった。

筆者が15回中、12回の授業を参観したところ、グループワークにおいてALの課題であるフリーライダーの存在がまったく見えなかった。その理由は、1回の授業において5問程度行う演習問題が、成績評価の対象となる小テストとして数値を変えて登場することがお約束となっているからである。学生にとっては、いずれ小テストの勉強をしなければならないのであれば、出席している授業の中で解決すれば、時間の有効活用になることを的確に理解している結果だと推測できる。グルーピングは理解度に応じて高低を組み合わせた3〜4人組を教員が指定した。

②能力育成型

能力育成型は、知識の定着よりも活用を主眼に置いてコンピテンシーの育成を目指すものである。多く対面授業にはプロジェクト型学習が用いられており、初年次教育から高学年の専門教育にまで幅広く導入されている。専門教育ではケーススタディを扱う学問分野と相性がよさそうである。特徴は、事前にプロジェクト型学習で必要な知識を動画化していることであり、対面授業では、その知識を活用して新たなプロジェクト課題に臨むことが可能となり、プロジェクトに費やす時間も確保できる。

【事例紹介】

B大学のH先生は、使いやすいコンピュータシステムを構築する上で必要となる基本事項について、理論的事項からシステム実現まで幅広く学ぶことを目的とする情報系授業に反転授業を導入した。15回の授業を講義部分とプロジェクト型学習に分け、メリハリがあるコースデザインとなっている。講義部分は、パワーポイントを使って作成した事前学習資料に音声で説明

を加えた動画(20分前後)を作成し、事前に視聴することを指導した。内容によっては、YouTubeなどに提供されているビデオ映像を関連事例として紹介した。簡単な確認テストを毎回用意し、理解内容を確認するように求めた。この確認テストは直接的に成績に反映されるものではなく、あくまでも理解を促すために設けたものであり、何度でも繰り返しトライアルができるように設定した。対面授業では、2回のプロジェクト演習を設定した。テーマは「スマホ向けの「お天気アプリ」の企画」と「不自由なインタフェース事例の洗い出し」である。お天気アプリの活動では、1)利用者のニーズを整理する、2)利用イメージをコンテ化する(ストーリーボード)、3)解決策(画面インタフェース)をスケッチにまとめる、4)本当に望まれたものか意見を集め、必要な修正を行う、という学習活動をグループで行い、最終的にプレゼンテーションで作品を見える化し、学生同士の相互評価を行った。

表 5-3 能力育成型の授業デザイン例

教育活動	学習活動
事前学習1	● 講義動画視聴
事前学習2	● 確認テスト
対面授業 (4人1組の 協調活動)	● プロジェクト活動 ● 教員による個別チェック ● プレゼンテーション ● 学生の相互評価

　学生の相互活動も基本的には活発であり、最終のプレゼンテーションも昨年度と比較として満足いく内容であったことから担当教員であるH先生の手ごたえも大きかった。ただ観察した結果、ALの外化に伴う課題が未解決のまま、持ち越されている場面も見られた。フリーライダーの存在や非活性のグループワークなどである。H先生が教室内を回り、グループに声掛けをしながらファシリテーションを行った結果、本授業においては活発なグループワークが展開されたが、反転授業は、活用する知識を事前に動画として提供できるという大きなメリットがあるものの、対面授業においては、ALが

抱える外化に伴う課題そのものの直接の解消には至らないことが明らかになった。

第5節　反転授業の学びの構造

　ここまで反転授業の2つのデザインについて事例を挙げながら紹介してきた。さらにその効果の特徴を考えるために、〈教える〉の位置づけと、内化－外化の関係について、従来の授業デザインと比較検討してみる。

(1)〈教える〉の位置づけ

　まずは授業内の活動において、〈教える〉がどのような位置づけになるのか、エンゲストロームの活動理論を使って図式化してみよう（Engeström, 1999）。
　まずは講義である。松下（2015）は講義における活動を次のように述べている。少し長いが引用する。「講義で活動の主体に位置づくのは教員であり、対象は学生である。教員は教科書や黒板などを道具として学生に知識を伝達し、その結果は試験やレポートによって評価される。教員と学生たちは、半期の間せいぜい週に一度顔をあわせるだけで、共同体は形式的にしか存在していない。教員と学生の間には、教員が話し、板書し、学生が聴き、ノートをとるという分業が成立している。出席はどのくらい必要か、遅刻や私語はどの程度認められるかなどのルールは、教員から直接伝えられることもあれば、暗黙のうちに示される場合もある」。これを実際に活動理論システムモデル（activity system model）に書き起こしてみよう。〈共同体〉を実線ではなく点線で表しているのは、その役割が講義においてはあまり機能していないことを表した。
　では一般的なALはどうだろう。大きな違いは、〈主体〉が学び手である学生であることだ。学生が〈対象〉とするのは概念理解であり、〈道具〉として活用されるべき知識が位置づけられている。〈共同体〉はグループワークの導入において学びの共同体と実質的に機能し、教員も学びをサポートする立場

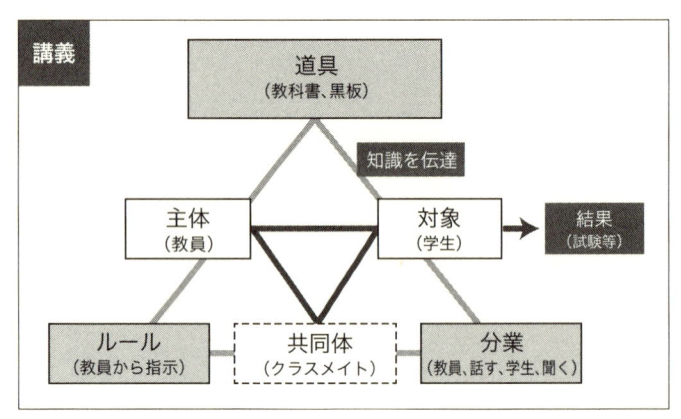

図 5-1　講義の活動理論システムモデル

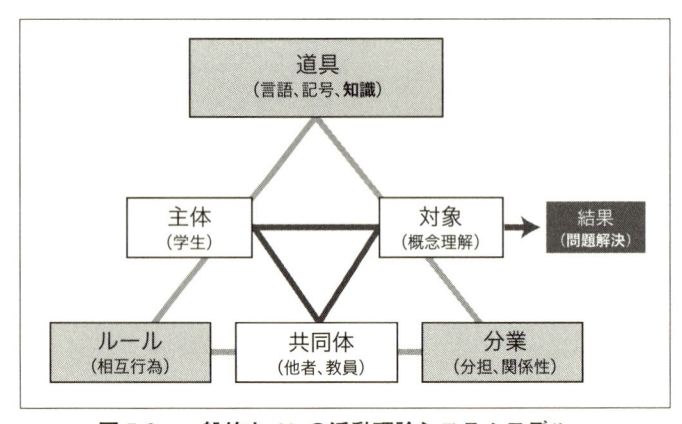

図 5-2　一般的な AL の活動理論システムモデル

から共同体の一員としてみなされる。その結果、問題解決がなされるのである。

　次は反転授業の2類型で〈対象〉を考えてみよう。2つの反転授業の類型の中で大きく違うのは、その〈対象〉部分である。能力育成型は、ALと同様の〈概念理解〉が位置づけられており、その結果、問題解決をはかることから、

基本的にはALと同様の学びの構造を有していることになる。類似しているからこそ、その効果も、また生じている現場の課題もALを踏襲しているのだろう。次に知識定着型はどうだろう。知識定着型の〈対象〉は、知識の獲得である。これは講義の場合と同様だ。能力育成型とALの関係を思い起こさせるが、ところがそうはならない。大きな違いは授業における活動の〈主体〉が教員ではなく学生ということである。

　活動の〈主体〉が学生であること、また〈共同体〉が十分に機能するというこの２点は、能力育成型に限らず、知識定着型もALと同様の構造を持つ。だからこそ対面授業での学生の活動は、講義と同じ知識獲得という〈対象〉を持っていても、ALの効果が見込まれる。この中で反転授業の最大の特徴は、事前学習における講義動画等の〈教える〉が登場することである。〈教える〉という活動の多くは教員が主体になるが、反転授業の場合は動画化することで、デジタル教科書としての役割に転じる。学生が自らのニーズや理解のレベルに合わせて必要なときに必要なだけ活用するスタイルである。この場合は自らの理解を促進する〈道具〉として位置づけられるだろう。講義では〈教える〉はメインの活動だが、反転授業においては〈道具〉となる。まさに学生はいつでもどこでも学生の都合で〈教える〉をスマートフォンに呼び出すことが可能となり、必要に応じて学生の理解のペースで何度でも繰り返し閲覧できる。場合によっては授業のAL中に、手元のスマホで〈教える〉を呼び出している場面もあった。

　従来の授業デザインは〈講義＋宿題〉、といったいわゆる〈教えてから学ぶ〉というプロセスを基盤にしている。しかしこれが習慣になってしまうと、学生はいわゆる〈教えてくれないと学べない〉状況に陥る、またはそうと勘違いをする。これではいつまでたっても主体的な学びの姿勢は生まれない。〈教える〉を道具として自らの〈学ぶ〉を豊かにしてこそ、主体的な学びの在り方である。反転授業はまさにそれを具現化する授業デザインという点において、従来のものとは違う学びの可能性を見せている。

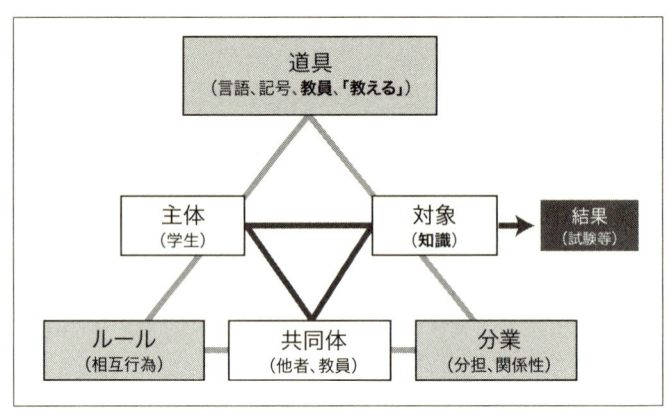

図 5-3　反転授業 知識定着型の活動理論システムモデル

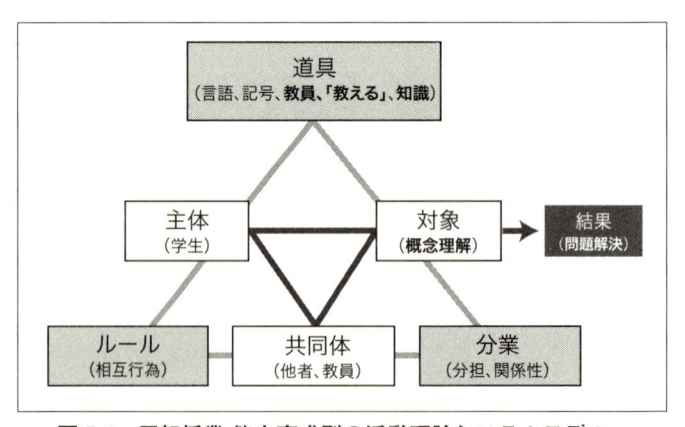

図 5-4　反転授業 能力育成型の活動理論システムモデル

(2) 内化と外化

　次に、授業デザインを内化と外化に注目して検討してみよう。反転授業に限らず、ALの授業を複数参観する中で、課題を残す実践にある共通の特徴があることがわかった。それは、内化の不足である。前述したように、ALを実施する前の内化の質が不十分であると、ALそのものが活性化しない傾向がある。このように事前学習の質によって反転授業のALの学びを

大きく左右することは、矢野ら(2015)の実践研究の中でも指摘されている。

　内化と外化という認知プロセスに関する考え方は、そもそもヴィゴツキーの精神間機能と精神内機能との対話が基盤となっている(ヴィゴツキー, 2005)。そして数学教育を例に、スファード(Sfard、1998)は知識や概念を自分自身のものとする獲得メタファーと、共同体への参加の中でその知識を活用する参加メタファーの比較において、一見矛盾しているように見えるこの2つのメタファーを往還することへ示唆を行っている。同様にエンゲストローム(2010)の「探究的学習のサイクル」の考え方では、その出発点は、学習者の実践活動の中で起きる実際の問題やコンフリクトであり、その学習サイクルは、①動機づけ、②方向づけ、③内化、④外化、⑤批評、⑥統制という6つのステップの学習行為から成るとしている。エンゲストロームの学習サイクルにおいては、内化と外化は順次性が示されているが、それは一方通行ではなく、往還サイクルにあることを松下(2015)も指摘している。往還とは、外化された対象に学習者が中から積極的に働きかけることによって、既有知識の修正や発展が促進され、新たな内化が促されることに他ならない。このようにいろいろな立場の学習論の中で内化と外化は理解されているが、本章においてはそれを単純化し、内化は知識理解・獲得すること、そして外化は知識を活用するプロセスで行うパフォーマンスとして考えてみよう。

　これを先ほどの知識定着型の事例にあてはめてみる。多くの基礎科目においてこの知識定着型が導入されたが、実は本章で事例として挙げている授業は、その目的とする知識の定着と、さらにグループワークの活性化の2点に関して各段の効果を見せた。他の実践と一体何が違ったのか。繰り返しになるが、反転授業における知識定着型は、すでに事実として存在する知識の理解や定着を目指すデザインであり、そこで課題として提示される問いは、結果として1つの答えに集約されるクローズドエンドである。

　まず基盤となる知識の提供は、講義動画という形で提供される。この授業では、事前学習として学生が動画を観る・聴くという行為に加えて、講義

ノートの作成という一度自らの理解を整理する活動が組み込まれている。教員が動画によって伝えた知識を、不十分ではあるが、一度、自分の理解として外化する活動である。もし理解に不安がある場合は、いつでも動画に立ち戻って、何度も内容を確認することもできる。またこのノートは対面授業の際に教員がその内容をチェックすることがクラスの約束となっていることから、当然、閲覧されることを前提にノートの作成を行う。少々、外発的な動機づけであっても、動画を観る・聴くという内化を目的とした受動的な活動にとどまらずに、小さな外化により個人の〈わかったつもり〉を授業の前に構築することができる。

　その後、対面授業に入る。グローズドエンドの課題は回答が1つに集約されるが、実はそこに至る理解プロセスは多様である。個々人の〈わかったつもり〉はいくつかのプロセスの多様化の中で解答のバリエーションとなり、それらを一つひとつ吟味し、確認や批判を加えていくことで個人の〈わかったつもり〉を〈わかった〉に再構築していくことができる環境になっている。対象授業はそれに十分な時間として45分をあてている。さらにこの授業が特徴的なのは、授業最後の時間帯にこの課題のいわゆる正解を教員が解説する。つまり〈教える〉のである。ALなのに〈教える〉。実はSchwartz & Bransford(1998) は、既有知識を発達させる方法について、適切なときに伝えることが大事であるという結論を導いている。その適切なときとは、〈学んでから教える〉である。事実、学生のニーズもそこにある。複数の反転授業

表5-4　知識定着型の授業デザイン(表5-2)に内化と外化の視点を加えたもの

教育活動	教育デザイン		内化と外化
事前学習1	● 講義動画視聴(15分程度)	内化	「わかったつもり」の構築
事前学習2	● 該当箇所のノート作成	外化+内化	
事前学習3	● 演習問題への取り組み	外化	
対面授業(4人1組の協調活動)	● 演習の続き		「わかった」の構築
	● 教員による個別チェック		
	● 演習の解答説明講義	内化	

を対象としたプレポスト調査のポスト調査で、学生による自由記述(217名の回答)を分析した結果、知識定着型の授業では、「正解を教えてほしい」や「結局、よくわからなかった」といった声が挙がっている。グローズドエンドの課題に取り組む場合、ALだけで〈わかったつもり〉を〈わかった〉に再構築することになるが、学生同士の相互活動だけで〈わかった〉を得ることに不安を覚える学生が一定いることになる。事例の授業は、教員のこれまでの経験から思い立って最後に〈教える〉を据えたところ、他の実践との大きなデザインの違いとして現れた。

これは知識の内化を目的とする授業において、1)動画を観る(内化)→2)ノートを作成する(外化)→3)わからないことがあれば動画に立ち戻る(内化)→4)課題を検討する(外化)→5)教えあい・学び合い(外化)→6)講義(内化)という学習プロセスをふむことによって効果が生まれている。内化と外化を往還できる小さなサイクル、そして外化をする度に自らの理解度を確認することが可能なので、メタ認知能力の育成にも大きな効果があるだろう。また反転授業だからこそ、1)から4)までは事前学習としての活動になるので、対面授業を圧迫しない工夫である。

内化と外化の往還を、動画という手段をもって内化から始める反転授業は、その授業の最後を〈教える〉という内化で締めくくることで効果が上がる。さらにLMSのログを調べると、学生が授業で終わった内容の動画を任意で閲覧していることも明らかになった。授業が終わったあとにさらに外化と内化の往還を止めない環境が整っており、学生がいつでも本棚の本を取るように、講義に立ち戻れるのは、まさに主体的な学びを促していると言える。内化と外化をいかに組み合わせて、学生が対象世界と自己を往還できるようにするかが反転授業のデザインを構築する際のコツであった。でもそれは反転授業に限らない。ALや講義も含む、すべての教授デザインに言えることである。

第6節　反転授業の可能性とその課題

　反転授業の学びの構造を検討する中で、外化を活動の中心に据えるALを促進し、より深い学びを引き出すには、内化とその質が重要であることが明らかになった。反転授業は、その内化を事前学習の〈教える〉で担保することで、内化と外化の往還を組み込める高度な授業デザインであることから、ALがこれまで課題としてきた、思考と活動のかい離の改善に向けて、一歩をふみ出したと言える。一見、〈教えてから学ぶ〉という従来の教授デザインが保持されているが、〈教える〉を動画化し、ICTの力を借りることで、学生自らの〈わかったつもり〉を作り上げるための道具として位置づけられる。特に知識定着型は、その学びの構造により従来の講義とその目的と共有していても、学びの主体が学生に据えられていることから、まさに教授から学習へのパラダイム転換を促しているデザインとも言えよう。これまでALが導入しづらく、知識の注入が展開されてきた基礎的科目に導入するとより知識の定着が見込まれるはずである。ただ内化が担保されていても、能力育成型は、その課題がオープンエンドであることの特性から、ALが内包する課題はそのまま残る可能性がある。学生の素養と教員のALをファシリテートする力にその効果は左右されるだろう。

　ただ反転授業であってもデザインによっては十分な内化を担保できていない事例も多くある。さらには学生にとっては事前学習を前提とすることから、これまでにない授業負担であることも確かである。いつ、どの授業を反転化するかは、まさにカリキュラムで検討するべき課題であり、まさにFDである。さらには内化の方法も、〈教える〉を聴く、という比較的参加しやすい認知活動から、〈文献を読む〉、〈調べ学習を行う〉などのより能動性が必要とする〈学ぶ〉の方法に移行することで、教育の足場かけを少しずつ外していくこと（フェーディング）が可能になる。このようにALの方法も学年が進行するにつれて高度化することで、いつしか教えなくても学ぶことができる、生涯にわたってのアクティブラーナーが育つ。反転授業は、まさにそのファーストス

テップにおいて効力を発揮する。

各巻との関連づけ

第4巻の「アクティブラーニングの背景」と題する**第1章(溝上慎一)**では、アクティブラーニング推進の背景にある教授パラダイムから学習パラダイムへの転換を説明しています。学習パラダイムは、同時に学習と成長パラダイムになることも説明しています。また、**第3巻の「アクティブラーニングをどう評価するか」**と題する**第1章(松下佳代)**では、教授パラダイムから学習パラダイムへの転換が、高等教育よりも初等中等教育で先立って提唱されていたことを論じています。

まとめ

- 反転授業は、アクティブラーニングの課題である、思考と活動のかい離を解決する可能性を有する授業でデインである。
- 〈教える〉は本来、教員主体の活動だが、反転授業では動画化することによって学生主体の学びを促進させる道具として位置づけられる。
- 効果のある反転授業(知識定着型)は、外化で終わらず、もう一度内化に立ち戻るデザインを採用していた。その結果、反転授業に限らず、内化と外化を小さなサイクルで往還できるデザインは、学生のメタ認知能力の育成にも有効である。

注

1　東京大学大学院情報学環反転学習社会連携講座主催第2回公開研究会2014. 5.24より。
2　文部科学省平成24年度「大学における教育内容などの改革状況についての調査」より。

文献

Baker, J. W. (2000). The "Classroom Flip": Using Web Course Management Tools to Become the Guide by the Side. In J. A. Chambers (Ed.), *Selected Papers from the 11th International Conference on College Teaching and Learning*, 9-17. Jacksonville: Florida Community College at Jacksonville.

Benesse(2013).『第2回大学生の学習・生活実態調査』.
http://berd.benesse.jp/koutou/research/detail1.php?id=3159(2015/08/29参照)

Bergmann, J. & Sams, A.(2012). *Flip Your Classroom: Reach Every Student in Every Class Every Day*. Eugene: Intl Society for Technology in Education. バーグマン.J・サムズ, A. (2014).『反転授業』(山内祐平監訳)オデッセイコミュニケーションズ.

Engeström, Y. (1999). *Training for Change: New Approach to Instruction and Learning in Working Life*. Paris: International Labour Office. エンゲストローム, Y. (2010).『変革を生む研修のデザイン』(松下佳代・三輪建二 監訳)鳳書房.

塙 雅典・森澤正之・日永龍彦・田丸恵理子 (2014).「反転授業における対面授業の設計と運営の重要性」『日本教育工学会第30回全国大会論文集』753-754頁.

Kahn, S. (2012). *The One World Schoolhouse, Education Reimagined*. London: Hodder & Stoughton; New York: Grand Central. Publishing.

松下佳代(2015).『ディープ・アクティブラーニング－大学授業を進化させるために－』勁草書房.

溝上慎一(2014).『アクティブラーニングと教授学習パラダイムの転換』東信堂.

森 朋子(2013).「初年次セミナー導入時の授業デザイン」 初年次教育学会(編)『初年次教育の現状と未来』世界思想社.

森 朋子・本田周二・溝上慎一・山内祐平(2014).「アクティブラーニングとしての大学における反転授業」『日本教育工学会第30回全国大会論文集』749-750頁.

森 朋子(2015).「反転授業 知識理解と連動したアクティブラーニングのための授業枠組み」 松下佳代(編)『ディープ・アクティブラーニング』勁草書房,52-57頁.

中西良文・中島 誠・下村智子・守山紗弥加・長濱文与・大道一弘・益川優子(2015).「大学初年次教育科目における社会的動機づけに関する検討」『三重大学教育学部研究紀要』66巻, 261-264頁.

Sams, A.(2015).「アメリカにおける反転授業の最前線」東京大学大学院情報学環反転学習社会連携講座主催『第2回公開研究会』. http://flit.iii.u-tokyo.ac.jp/seminar/002-2.html(2015/09/04 参照)

Schwartz, D. L. & Bransford, J.D.(1998). A Time for Telling. *Cognition and Instruction*, 16:4, 475-522.

Sfard, A.(1998). On Two Metaphors for Learning and the Danger of Choosing Just One. *Educational Researcher*, 27-2, 4-13.

ヴィゴツキー, L. S. (2005).『文化的-歴史的精神発達の理論』(柴田義松訳)学文社.
Wiggins, G. & McTighe, J.(2005). *Understanding by Design*, Expanded 2nd ed. ASDC. Alexandria, VA: Association for Supervision and Curriculum Development. ウィギンズ, G.・マクタイ, J. (2012).『理解をもたらすカリキュラム設計―『逆向き設計』の理論と方法』(西岡加名恵訳)日本標準.
山内祐平(2014).『ブレンディッドラーニングの視点から』島根大学反転授業公開研究会基調講演. 当日のレポートは東京大学大学院・情報学環　反転学習社会連携講座Seminar Reportに掲載. http://flit.iii.u-tokyo.ac.jp/seminar/20140212-2.html（2015/08/17参照）
矢野浩二朗・森 朋子(2015).「ALとしての反転授業の効果を検討する実証的研究」『第21回大学教育研究フォーラム発表論文集』188-189頁.

◉さらに学びたい人に

- 松下佳代編(2015).『ディープ・アクティブラーニング　－大学授業を進化させるために－』勁草書房.
  ▶アクティブラーニングとディープラーニングの融合としてディープ・アクティブラーニングを推奨している著書。知識獲得と能力育成の双方を目指す教育方法が事例とともに紹介されている。
- 苅宿 俊文・髙木 光太郎・佐伯 胖 編(2012).『ワークショップと学び1 －まなびを学ぶ－』東京大学出版.
  ▶様々な場面での学びを考える学習論の著書。〈わかったつもり〉を〈分かった〉にするプロセスをアンラーン(学びほぐし)という概念で説明している。

第6章

ケースメソッド

川野　司（九州看護福祉大学）

第1節　はじめに

　学習者の学ぶ意欲と活動性を高める能動的学習（アクティブラーニング、以下「AL」と略）を可能にする授業方法の一つにケースメソッドがある。

　能動的学習をどのように推進するかに関しては、もはや大学だけの問題ではなく、小学校でもALが取り入れられるようになった。本章では、能動的学修を実現する一つの方法としてケースメソッドを紹介し、校種を超えてケースメソッドによる授業実践が進むことを期待したい。

　本章は、第1節「ケースメソッドとは何か」、第2節「ケースメソッドによる授業の実際」、第3節「ケース分析のやり方」、第4節「ケースメソッド授業の成果と課題」、第5節「なぜケースメソッドなのか」の順で述べる。

第2節　ケースメソッドとは何か

(1) ケースメソッドの歴史

　ケースメソッドの起源は、約1世紀前のハーバード大学法律大学院で判例を取り入れた討論形式の授業に由来している。当時は、裁判の判決にみられる判例（ケース）を具体的教材と考え、法的な見方や考え方を教育する方法（メソッド）として法学教育のなかで展開してきた（村本, 1982）。同大学院の初

代研究科長ラングデルは、ケースは最も強力な教育手段になり得ると信じて、1870年に、法学教育でケースメソッドを使うことを提案した。重要なケースと判断した判決理由を注意深く分析することで、法律の実務家としての専門職教育ができると考えていた。

1908年に経営者教育のために、ハーバード大学経営大学院(HBS)が設立された。初代研究科長ゲイは、法律大学院で実務家としての専門職教育で効果的な教育方法であったケースメソッドを経営者教育に適用することを決めた。当初はケースメソッドと言わずにプロブレムメソッドと称していた。つまり判例中心の教育方法を手本にして、実在の企業経営上の実践事例に見られるプロブレムメソッドを使って経営者教育が始められた。その後、ケースメソッドはビジネススクールで実際の会社経営状況を具体的ケースとして討論する授業形式へと発展した。同大学院の経営学修士コース(MBA)では、2年間に800ものケースを学ぶと言われている(百海, 2009)。

日本におけるケースメソッドは、1962年創設の慶応義塾大学ビジネススクール(KBS)に取り入れられた。KBSでは、約半世紀にわたってケースメソッドによる経営学教育が進められてきたが、最初の頃は、経営学教育分野におけるケースメソッドは十分に取り組まれていなかった(坂井, 1979；竹内, 2010)。現在でも大学における研究は、理論やアカデミックな研究が重視される傾向がある。教育実践や教育方法に関する研究は業績としての評価が低いようであるが、近年、教職大学院など教育系の分野での導入も進みつつある(安藤, 2009；岡田・竹鼻, 2012；赤井・柴本, 2014)。

(2) 主体的な学びを育成する授業

「ティーチングからラーニングへ」の授業転換は、大学ではよく使われる言葉である。しかし、筆者の同僚を見ても専門知識を授けるティーチングが多く、学習者中心にしたラーニングの授業はあまり行われていない。1872年(明治5年)の学制公布以来、教員は教えることが仕事であると考えられてきた。今もなお多くの大学では、教員による講義形式による授業が主流である。

かつて大学進学者の割合が10〜20％と低かった時代には講義中心の授業だけでも学生たちは対応できていた。しかし現在の大学では国公私立を問わず多様な学生が入学しており、講義中心の授業だけでは十分な学力を身につけられない学生がいることも現実である。一旦、入学を許可したからには、学生一人ひとりに対して、わかる授業を行うことが教員に課せられた責任である。学生が理解できようができまいが、専門知識や内容を一方的に与える授業のやり方はもはや通用しなくなっている。学生が意欲を持って主体的に学ぶ力を習得できる授業づくりが必要である。

　その中にあって、ケースメソッドは学生の主体的な学びを引き出す授業として捉えることができる。授業では具体的状況を記載したケース教材を使用して学生に問題解決技法を習得させ、自らの考えや判断を深化させることを目指すものである。

　一方、医療・看護分野を中心に実践されているケーススタディやPBLは、臨床場面における対応やケアなど科学的根拠に基づいた最終目標の正解が設定してあるが、ケースメソッドは一定の正解を教師が提供するものではない。ケースメソッドは、主体的に学ぶ力を育てるためにコミュニケーション活動を重視する学習であり、討論活性化のために関係領域に関するケース教材を予習(個人学習)し、授業では予習内容をもとに、設問に対する討論を中心に学習を深める教育方法である。

　筆者(川野、2012a)は、教職を目指す学生に小中学校の教育活動を教材化してケースメソッドによる授業に取り組んできた。教職に就けば、児童生徒や保護者をはじめ地域関係者と望ましい人間関係を築き、さまざまな人と連携して教育指導を進めなければならない。人間関係構築のスキルや態度を培うことは授業を通して訓練可能である。ケース教材を使って討論中心の授業を実践すれば、学生の学ぶ力、コミュニケーション力、学習意欲など多くの能力が鍛えられて育つと考えている。

　ケース教材を使用する意義は、教育活動を自らの課題として考えられること、ケースで学んだことを学校ボランティアや教育実習の現場で、実際に自

分の行動として実践できること、教職に就いた後に学校で体験する事態での意思決定が容易になることなどである。

> 各巻との関連づけ
>
> 「ティーチングからラーニングへの授業転換」は、**第4巻**の「**アクティブラーニングの背景**」と題する**第1章（溝上慎一）**で、教授パラダイムから学習パラダイムへの転換として説明しています。学習パラダイムは、同時に学習と成長パラダイムになることも説明しています。また、**第3巻**の「**アクティブラーニングをどう評価するか**」と題する**第1章（松下佳代）**では、教授パラダイムから学習パラダイムへの転換が、高等教育よりも初等中等教育で先立って提唱されていたことを論じています。

(3) ケースメソッドと事例研究の違い

ケースメソッドに似たものとして、現職教員の研修方法として事例研究が、ある。これは事例を通じて望ましい児童生徒の指導法を追究するものである。事例研究は主として生徒指導研修会など、生徒指導の経過を時系列で報告する場合に多く用いられてきた。児童生徒の具体的事例を取り上げる点では、ケース教材と言えるが、その扱いは心理臨床の実践におけるケースカンファレンスに近く、取り上げた事例自体の深い理解が目指される。ケースメソッドは、ケース教材を使って教職を目指す学生の実践力に関するケース教材を使って、問題を把握し、分析し、解決をはかる具体策をシミュレーションしてその対応策を学んでいく学習である。

ケースメソッドは、ケース教材を使って教職を目指す学生の実践力に関わる能力や技能を習得する教育方法である。換言すれば、学校教育に関するケース教材を使って、問題を把握し、分析し、解決をはかる具体策をシミュレーションしてその対応策を学んでいく学習である。しかも学習形態はコミュニケーション活動を意図した討論型の学習スタイルである。討論を活性化するために、学校教育に関するケース教材を学生が予習（個人学習）し、授

業では予習内容をもとに、教員としての実践力と指導技術を習得する教育方法である。

第3節　ケースメソッドによる授業の実際

ここでは、前節で紹介したケースメソッドを取り入れた授業(ケースメソッド授業)の実際についてまとめる。

(1) ケースメソッド授業はどんな授業か

ケースメソッド授業とは、学習者が、主体的に学ぶ力を習得するために、関係領域のケース教材を使い、グループ討論やクラス討論などを取り入れて授業を進める学習者中心の授業である。ケースメソッド授業は、自ら学び、自ら考え、自ら課題解決の意志決定ができる能力をはじめ、コミュニケーション力やディスカッション力などのさまざまなスキルを鍛えることができる。教員による一方向の授業を見直すものであり、授業への学習者の積極的参画を促し、主体的な学びと学習意欲を高める効果が期待できる教育方法である。

ケースメソッド授業で使用されるケース教材は多種多様であり、学習者の発達段階と校種によりいろいろ工夫ができる(竹内, 2015)。大学におけるケースメソッド授業であれば、学科の特質や専門科目の内容との関連が深くなる。たとえば看護学科では、疾患を持つ患者の対応について、具体的なケース教材を使用して看護教育が進められている。患者と看護師との関係についてケース教材を活用して看護に関わる学習を深める授業が行われている。同じように経営学科では、企業経営に関するさまざまなケースを使用して経営学教育が進められている(東北大学経営学グループ, 2001)。

(2) ケースメソッド授業のシラバス

ケースメソッド授業は、ケースを用いた討論型の授業のことを意味してい

る。ケースメソッド授業のシラバスとして、2015年1学期科目「生徒・進路指導」シラバスを例示しておく（**表6-1**を参照）。

表6-1　授業内容とプレゼンの発表班

発表班	授業テーマ	発表班
1週	オリエンテーション	なし
2週	Case21生徒指導を考える（教科書175〜180頁）	1班
3週	Case 3 基本的生活習慣を考える（教科書49〜57頁）	2班
4週	Case 4 学級崩壊の噂を考える（教科書58〜68頁）	3班
5週	Case 7 昼休みの怪我を考える（教科書86〜94頁）	4班
6週	Case 8 学級での不登校を考える（教科書95〜103頁）	5班
7週	Case22保護者の相談を考える（教科書181〜186頁）	6班
8週	Case23学級崩壊を考える（教科書187〜192頁）	7班
9週	Case24体罰を考える（教科書193〜197頁）	8班
10週	Case25データで不登校を考える（教科書199〜202頁）	9班
11週	Case26不登校を考える（その2）（教科書203〜207頁）	10班
12週	Case27学校給食を考える（教科書208〜211頁）	11班
13週	Case28いじめを考える（教科書212〜216頁）	12班
14週	Case29 授業規律を考える（教科書217〜221頁）	13班
15週	Case30学校の危機管理を考える（教科書222〜226頁）	14班
16週	テスト	なし

【授業の進め方と授業準備】

1　この授業は協同による能動的で活動性を高める授業であり、到達目標は、考える習慣（思考力）、コミュニケーション力、判断力と表現力、実践的指導力、人間としての生き方などを習得することをねらいとしている。授業前半は、発表グループによるパワーポイントを使ったレポート課題の説明とテーマのグループ討論（レポート課題）をおこなう。授業後半は、質問を投げかけるなど双方向型の講義形式でおこなう。

①発表グループは、レポート課題を提出しなくてよい（全員13回分のレ

ポート提出になる)。発表グループは1回目のグループ編成時に決め、授業グループは人数調整をする。

②発表資料は、各グループが印刷して全員に配布する(1枚に6シートのせる。例：10シートあれば両面印刷をする)。

③発表資料は、メールで川野に授業前日までに送付する(smile@kyushu-ns.ac.jp)。

2．発表グループは次の準備をする。

④授業で使うパソコンはメディアセンターで借りて、終わったら返却する。

⑤グループ編成は毎回メンバーが変わる。カードでグループ分けをする。

【個人で準備しておくこと】

⑥予習(個人学習)をする(手書きのレポートは望ましくないので、パソコンでレポート作成をする)。レポートは返却しないので、2部準備するとよい。1部は提出用、1部は討論の時にメモをしたり、書き込みをして、きちんとファイルして保存する。

⑦レポートを書いて提出する。(1枚以上：1枚は1500字以上：文末に文字数を入れる)。レポートには1行目に学科・学籍番号・学年・氏名を記入し、鏡は付けない。

⑧レポートは教科書をよく読んで、各ケースの「設問」と「考えてみよう」に対する自分の回答をまとめる。まとめる際は小中学校を振り返って自分の意見や考えを書く方が望ましい。それだけでは、書く内容が少ない場合は、教科書、他の本、インターネットで調べたことをまとめて書いてもよい(出典は記載しておく)。

(注)インターネット内容をそのままコピーして貼り付けることは、力が付かないから厳禁。

【成績評価・その他の留意事項】

⑨成績評価はレポート提出状況・内容、プレゼン内容、テスト結果を総合して判定する(追試はしないので再履修となる)。

⑩レポートは当日に集めるので後で出しても受け付けない(提出してないことになる)。

⑪欠席時のレポートは友だちに提出を依頼するか前日にメールで川野に送る。
⑫授業の出席は呼名時に返事がない場合は欠席とする(遅れて来ても遅刻扱いはしない)。
⑬授業評価(振り返りシート)は各項目にきちんと回答する。
⑭授業中は携帯をみない(授業に専念する)。

【教科書】川野司著『ケースメソッドで学ぶ実践力』昭和堂

(3) ケース教材

　ケース教材として、川野(2012b)に収録された教材を採用した。教員に求められる実践力に「専門的知識」と「総合力」がある。「専門的知識」は、児童生徒の指導に必要な教科指導など特定領域の能力であり、「総合力」は、教職に関わる物の見方・考え方など教員の資質全体に関わる能力である。実践力は、直面する教育問題に対する適切な判断ができ、その問題を解決していける資質能力である。ケース討論型授業では、ケースの設問について自ら考えること、課題解決のためにお互いの考えを出し合うこと、予習(個人学習)での疑問点の解決と内容深化をはかること、今後経験する可能性がある教育課題に適切な判断と意思決定ができること、討論を通してコミュニケーション力と人間関係の感受性を訓練することなどを重視した。

　ケース教材は、小中学校の内容をもとに作成されていた。学習者はケース内容についての実際の経験はあまりないだろうが、小中学校12年間、時間に換算して約13000時間の授業を受けているので、ケース内容に馴染みはある。しかし、かつては児童生徒の立場であったが、今回は教員の立場でケースを考えることが必要になってくる。児童生徒とは違った視点で考えるのである。教職を目指す学生はそうした目線でケースを見ており、不登校やいじめなどのケースでは、自らの体験をもとに真剣に討論する姿が目立った。授業評価の自由記述には、不登校であった友達の様子や教員の対応を記載していた。したがってケース教材は学校現場を経験してないのでわかりにくいと

の教員の指摘もあるが、決してそうとは言えない。ケース教材の一例として、表6-2の「学級崩壊の噂が出始めた担任と児童との関係を考える」のケースを上げておく。このケースに対する予習(個人学習)として、ケースの最後にある3つの設問を考えた。設問3つは、振り返りシートの③、④、⑤(この3項目は、授業のねらいであり毎回変わる項目である。

学生は、各設問に対する自分の考えをレポートに書いて、授業当日のグループ討論とクラス討論に臨むようにしている。ほとんどの学生が予習をして授業に参加している。学生が予習にかける時間は2〜3時間が一番多い。

表6-2 ケース名「学級崩壊の噂が出始めた担任と児童との関係を考える」

A先生は45歳の小学校女教師であり、校内でもベテラン教師の一人とみなされていました。5年1組の担任ですが、最近は、学級の子どもたちとの関係がしっくりいかないし、子ども同士の仲が、とげとげしくなっているように思っていました。授業中にも私語が目立ちはじめ、内心では、「授業がやりにくいなあ」と感じていたのです。

なかでも他の児童に比べて体が大きなB男は、学級ではボス的存在でした。学級の誰もが正男に言われると、逆らうことができなかったのです。正男は授業中でも、「先生、トイレ」と言って、教師の許可も得ずに勝手に教室を出て行く始末でした。A先生は、あえて注意をしないで黙認をしていました。そのうちに他の子どもたちがB男の真似をして「トイレ」と言って、授業を抜け出し始めました。それでもトイレに行くのは、限られた子どもたちでしたので、A先生は、「トイレは休み時間に行っておきなさい！」と、決まり文句を単に学級内で話すだけでした。

こうした状況が1学期の終わり頃から頻繁に見られていました。しかし、A先生はそのことをそれほど気にはしていない様子だったのです。しかし2学期の中頃になると、子どもたちの出入りが多くなり、収拾がつかない状態になってしまいました。数人の授業中の出入りをきっかけにし

て、授業自体が正常におこなわれないようにまでなってしまいました。その結果、学級は落ち着かない騒々しい状態に陥ってしまったのです。担任が注意と指導をしても、なかなか治まらない状況のときもありました。

　そのような1組の子どもの様子は、隣の2組のＣ先生も気付いていたのです。授業中に数人が出歩いていたので、「あなたたちは、何をしているの。今は、授業中でしょう！早く教室に戻りなさい」と強く叱ったこともあります。子どもたちは、Ｃ先生の指導にはしぶしぶ従って、教室に戻っていきました。でも、1組の子どもの態度は、一向に治まらなかったのです。Ｃ先生は心配してＡ先生にアドバイスをしましたが、Ａ先生は、「大丈夫ですから、心配はありません。」と答えるだけでした。Ｃ先生も1組の支援ができる状況ではないことを察して心配していました。でも、肝心のＡ先生が心を打ち明けないし、こちらからのサポートを受け入れないようなので、困っていました。でもこうした状況は学校全体に関わる大きな問題になるだろうと予想しましたので、学年主任のＤ先生と教頭先生に報告した方がいいと考えた矢先のことでした。

　ちょうどときを同じにして、1組の子どもが担任の指導に従わないという噂が広まったのです。それはＰＴＡ役員や1組の保護者に知れわたることとなりました。学級が崩壊し、授業が正常に成立していないという噂でした。Ａ先生も噂については、かなり神経質になっていました。でもそうした事情は、まだ校長先生の耳には入っていませんでした。校長先生もしばらくは気づいていなかったのですが、やがてその事は5年生の多くの保護者が知ることとなったのです。それは直接に校長先生へのクレームとなって表面化したのでした。1組の保護者数人が、校長室に押しかけ、担任を替えて欲しいと要求してきたのです。

　校長先生は、保護者の言い分を聞きましたが、担任を替えることはできない旨を伝えました。その後、教頭先生から1組のことを聞き、その実態が分かるにつれて、校長先生は何とかしなくてはいけないと真剣に思い始めたのです。

【設問1】 A先生は、なぜB男の指導ができなかったのでしょうか。
【設問2】 A先生は、どうしてC先生のアドバイスを受け入れなかったのでしょうか。
【設問3】 保護者がクレームを言って来るまで、校長先生はどうして気付かなかったのでしょうか。
【設問4】 1組の状況を改善するには、どのような手立てを取ればよいでしょうか。

(4) ケースメソッド授業の進め方

ケースメソッド授業は、通常、表6-3の5セッションで進めている。以下、セッションごとに進め方を説明するが、授業の進め方は一例であり、やり方はいろいろなバリエーションが考えられる。たとえば、受講生が多く80名を超える場合は、クラス討論は行わないで、教員がケースについてプレゼンを使用する形式で授業を行うこともある。

なお、学生は次節「3. ケース分析のやり方」に従って予習（個別学習）を行うことが授業参加の前提となっている。

表6-3　ケースメソッド授業の進め方

セッション	授業の流れ	授業内容	配時
	・授業準備	・配布資料確認、連絡事項	5分
第1	・プレゼン発表	・ケース教材の設問を中心に発表	10分
第2	・グループ討論	・設問の予習内容の討論	25分
第3	・各班の討論報告	・各班の討論内容の報告	20分
第4	・教員の全体説明	・報告のコメントと補足説明	20分
第5	・授業の振り返り	・授業評価アンケートを書く	10分

①第1セッション

代表グループによる授業テーマの「設問」のプレゼン発表である。授業テーマと

は、授業で検討するケース教材で学生に考えさせる内容である。発表グループは「設問」に対する回答をまとめたプレゼンシートを作成し、それを発表前に教員にメールで提出する。教員のアドバイスを受けてプレゼンシートを修正した後、プレゼンを行う。

②第2セッション

第2セッションはグループ討論である。グループメンバーは4〜5名で、予習(個人学習)をもとに「設問」について討論を行う。各班の司会係と記録係およびメンバーは毎週変える。メンバーのなれ合いを防ぎ、緊張感をもって討論に臨むことで、人間関係スキルが鍛えられると考えたからである。司会係はメンバーの考えや意見を引き出すことが役割であり、まず討論活性化のために予習レポートを読み上げる。次に各自1分間で討論内容を考える。グループ討論では、各自が考えた内容を1分間で述べることを指示した後、設問の一部もしくは全部を討論の柱と決めてグループ討論を開始する。

③第3セッション

第3セッションでは、各グループの討論内容を他グループに報告するクラス全体の討論時間である。他グループの討論内容を知り、情報共有化をはかることで討論内容の広まりと深まりを確認する時間である。一般的に学生は他グループの討論内容に強い興味関心を抱くものである。

④第4セッション

第4セッションは教員による授業内容の説明と、グループ討論や討論報告についての全体的なコメントを行う。各グループ報告に対するコメントは第3セッションの各グループ報告直後に行うことが多い。

⑤第5セッション

第5セッションは、授業に対する振り返りの時間である。振り返りは授業

評価のことであり、授業終了前10分間で行うことにし、記載直前にその都度配布した。なお振り返りシート18項目は、次の内容である。

①は、代表グループのプレゼンの評価である。
②⑥⑬⑮はＡＲＣＳ動機付けモデルの評価項目である。
③④⑤は授業テーマのねらいである。
⑦が予習の評価であり、⑧⑨⑩⑪⑫がグループ討論の評価であり、
⑭⑯⑰⑱が授業全体を通した評価になっている。

(5)ケースメソッド授業の評価

主体的に学ぶ力を育てる視点から、授業評価票(振り返りシート)を作成している(**表6-4**を参照)。評価項目は18項目と自由記述3項目である。

表6-4 授業評価票(振り返りシート)

27年生徒・進路指導 Case 4 振り返りシート 5月9日 3年 氏名(　　　　)
【各問の当てはまる番号に○印を付けてください】
4：あてはまる　3：ややあてはまる　2：あまりあてはまらない　1：あてはまらない
① 今日のプレゼンは分かりやすかった。……………………………4・3・2・1
② 今日の授業は、おもしろかった。………………………………4・3・2・1
③ 学級崩壊に陥らない組織体制が分かった。……………………4・3・2・1
④ 授業中の規律指導の大切さが理解できた。……………………4・3・2・1
⑤ 担任と児童、児童同士の人間関係の大切さが分かった。………4・3・2・1
⑥ 今日の授業は、やりがいがあった。……………………………4・3・2・1
⑦ 分からないことはそのままにせず、自分なりに調べた。………4・3・2・1
⑧ 予習段階よりも、授業を受けて深く理解することができた。……4・3・2・1
⑨ 友達の意見を聞いて、考え方が少し変わったところがあった。…4・3・2・1
⑩ 今日のグループ討論は、グループ全体としてうまくできた。……4・3・2・1
⑪ 私はグループ討論で発言できた。………………………………4・3・2・1
⑫ 私はグループ討論で自分の考えをより深めることができた。……4・3・2・1

⑬ 今日の授業は、自信がついた。・・・・・・・・・・・・・・・・・・・・・・・・・・・・・4・3・2・1
⑭ 今日の授業で考えたことは、教員になってからも役に立つ。・・・・4・3・2・1
⑮ 今日の授業は、やってよかった。・・・・・・・・・・・・・・・・・・・・・・・・・4・3・2・1
⑯ 今日の授業は、全体として満足できるものであった。・・・・・・・・・4・3・2・1
⑰ 今日の授業は、100点満点で何点ぐらいですか。・・・・・・・・・・・・（　　　）点
⑱ 予習レポート作成にどれくらいの時間がかかりましたか。・・・・・・（　　　）時間

【プレゼン】(感想・意見を聞かせてください)

【グループ討論】(感想・意見を聞かせてください)

【全体討論・教員の説明】(感想・意見を聞かせてください)

第4節　ケース分析のやり方

　ケース分析は、ケース討論で智慧(ものの見方・考え方・認知枠・知識等)を豊かにするために行う事前の予習である。ケース分析を行う場合は、ケースの問題点が何であるかその原因を把握する第1段階と、その問題点を解決する具体策を考える第2段階がある。この2段階でケース分析をしてもよいが、第1段階を3ステップに、第2段階を2ステップに分けた5段階で考えるやり方が通常のケース分析でなされている(坂井・吉田, 1997)。ケース分析の5つの段階を図6-5に示す。

　①の「問題を把握する」とは、ケースをよく読みケースの状況を疑似体験し、自分ならどう対応するかを考えることである。そのため、ケースに記載されている意思決定を必要とする問題が何であるかを明確につかむ段階である。
　②の「問題発生の原因を解明する」とは、問題に関する事実の収集・解釈をすることであり、ケースの問題を探すことである。そのため、問題をリスト

```
①問題を把握する
    ↓
②問題発生の原因を解明する    } 問題点の把握
    ↓                            ↓
③問題解決の対策案を立てる        原因究明
    ↓
④対策案の妥当性を検討する    } 問題解決策の提示
    ↓                            ↓
⑤最善と考える対策案を決める      具体策
```

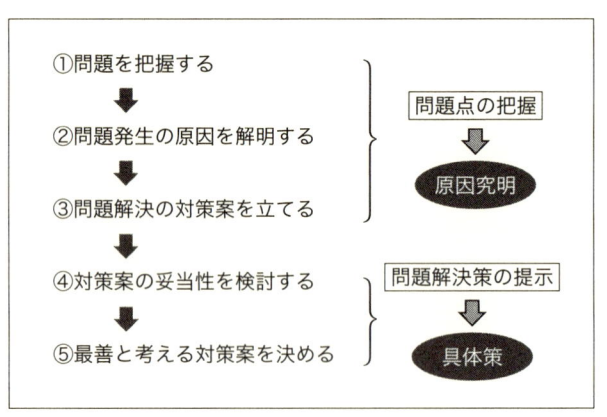

図6-5　ケース分析の手順

アップし、問題を多角的に考えて問題領域を絞り、中心となる問題を特定することが必要である。

③の「問題解決の対策案を立てる」とは、問題解決の対策を考えることである。問題点を明確化することである。そのため、解決すべき問題点を明確な言葉で表現し、短期にすべきことと長期に及ぶことを区分けして考えるとよい。

④の「結果を予測した対策案の妥当性を検討する」とは、問題を解決する対策案の結果を予想して考えることである。そのため、問題解決のための代替案を考えることが必要であり、問題解決の問題点が明確になったら、その解決のための方策をいくつか考える。代替案は、体験によるもの、理論によるもの、創造性・アイデアによるなどの方法が挙げられる。

⑤の「問題解決のために最善と考える対策を決める」とは、最終的な意思決定をすることである。そのため、代替案を評価して、どれがいいかを選択するが、代替案の効果とリスク(危険性)を比較考量して選択することが大切である。

第5節　ケースメソッド授業の成果と課題

(1) 授業成果

ケースメソッド授業を実践してみて、あらためてこの授業のよさを実感し

ている。授業のよさは、学生がきちんと予習をして授業に臨み、プレゼンの発表でも協力してプレゼンシートを作成し、グループ討論も熱心に行うなど授業に活気が見られることである。また毎時間の授業評価票の結果からも、ほとんどの学生が肯定的評価をしている。

　ケースメソッド授業のよさを、授業に参加した学生は次のようにコメントしている。次の3名は、筆者がはじめてケースメソッド授業を行ったときの学生である。

①学生A
「ケースメソッド授業は、学校現場で起こるあらゆる問題について、まず自分で調べ考えをまとめ、疑問点などを挙げて授業に臨みます。授業の中で、他の人の考えを聞いたり、疑問点について深く討論し、ときには熱く語ることもありました。自分の意見や考えを素早くまとめ、討論をすることで、授業に参加しているという感じが得られるし、全体としてまとまったときの充実感と、問題を解決できた達成感を味わうことができます。知識も増えるし、レポートや討論をする中で、自然と自己表現の能力が身につくと思います。私はこういった授業も多く取り入れていくべきだと考えます」

②学生B
「私は、この授業で問題解決能力と対応力が身についたと考えます。(中略)実際の学校でこういったケースが起こったときも、他教員との協力と連携がとても大切になり、人の考えも受け入れられる人でなくてはならないと思います。また、多くの事例をこなしたことによって、柔軟な考え方が出来るようになりました。人の考えに飲まれるのでなく、自分の意見の中に取り入れ、生かしていくということは、問題解決の場だけにとどまらず、人生の中で役立つと思います。さらに、さまざまな問題を知ったことで、働きはじめて、同じような事があったときに動じないはずです。そういった意味で、対応力が身に付いたと思います」

③学生C

「次の4つのポイントについて力をつけることができる。1つ目は、自分の意見、考えをしっかり持つことができる。2つ目は、グループ全体の中で自分の意見を発言することができる。3つ目は、他の人の意見を聞き、共有し合うことが出来る。4つ目は、ケースそれぞれの事例について考えることで、将来、現場に出た時に、どのように対応するかなどを学ぶことができる。教員教育の準備として、教員になるために4つのポイントは欠かせないと思う。教員教育をする中でケースメソッド授業は、自然な型で教育準備が行われると言ってよいくらい、教員に必要な力を引き出し、それを授業でやっていく中で、レベルアップしていく効果があると思う。(中略)　現場にでる前に事例に触れ、討論し、考えていくことで考え、方法を見つけ、解決するという段階をきちんと見つけることができ、教員として必要な力を付けていく効果があると思う。4つのポイントをきちんと行い、それにプラスして現場にでたときに、実践していける力を準備するのに有力な授業方法だと思う」

(2) 今後の課題

ケースメソッド授業を進めていく中での大きな課題は、授業者である筆者のインストラクター役としての授業運営のあり方である。筆者が授業運営で目指している目標は、NHKの「白熱教室」で有名なサンデル教授のような授業づくりである(サンデル／小林, 2011)。サンデル教授は、まず授業テーマについて自らの考えや背景などの説明をする。その後、自ら学生に質問を投げかけ、その答えを再度本人にフードバックして確認することもある。また学生の回答や考えで不明な箇所は聞き直すことをして、さらに回答した学生の考えに対して、他の学生がどう思っているか、賛成か反対かを尋ね、発問をしながら授業をテンポよく進めている。学生もサンデル教授の発問に自らの考えを明確に表明しており、サンデル教授と学生たちとの論理的なやりとりが継続しているのである。そうした授業風景を見るたびに、自らの授業でもできるようになりたいと考えている。

アクティブラーニングの一つとしてのケースメソッド授業は、その実践が少なく、まだあまり知られていない。授業を行うにはケース教材が必要である。今回紹介した教職課程の授業内容に適したケース教材の開発と累積が組織的になされていないことも、普及が遅れている大きな要因の一つであろう。本書の発刊を機に、ケースメソッド授業に興味関心を持っていただき、その実践が進み、ケースメソッド授業についての情報交換ができることを願っている。

第6節　なぜケースメソッドなのか

　PBL(問題基盤型学習)やケーススタディ（事例研究）ではなく、なぜ筆者はケースメソッドを採用しているのか、あらためて筆者なりに利点をまとめておく。

　ケースメソッドはケースを議論の出発点として、学生が各々、その対処法を考えていく。それは正解探しではなく、最適解の創造である。そして、より妥当な解を求めて予習を行う。

　グループにおいては、互いに持ち寄る対処法・解決策を共有・吟味し、グループとしての最適解を追究する。これは、第2章で紹介された建設的討論法における統合案づくりや、第4章の高次能力育成型あるいは第5章で解説された目標創出型ALとも共通する知的活動である。どこまでの完成度を求めるかにもよるが、第3章で述べられた「練り合い」を促進させることも容易である。

　第5章の知識構成型ジグソーでは教師が学習すべき情報を分割して与えるが、ケースメソッドでは学生たちの関心・こだわりに従って予習・掘り下げの部分は異なってくる。ジグソー法のように計画的に情報分割されない分、重複もあるが、所与の計画がない分、追究の自由度は高い。

　さらに、知識構成型ジグソーと同様にクロストークを組み入れることも可能だが、代表によるサンプル的な対処法の開示や、教員(あるいはケースの関

係者)による現実的対処の実際についての講義も有力である。

　すでに触れたが、医療系に見られるPBLでは、やはり正しい診断・治療法の発見が焦点になる。事例研究では、すでに選択された対処法や解決策の妥当性、あるいはそれが生み出されるプロセスの検討がカギになる。それはそれで重要な訓練であり、学習目標によっては最有力の指導法かもしれない。しかし、正解の存在が想定される限り、正解探しの誘惑にかられることも多い。さらに、正解に対する不正解、誤答への恐れは主体的な学びを阻害するかもしれない。オーセンティックな課題を扱う手法はさまざまだが、どのようなアウトプットを想定するかで、選択肢は変わる。教育というきわめて不確定性の高い仕事に向けた準備段階である教職課程におけるケースメソッドの利点は非常に大きいと筆者は考える。

まとめ

- ケースメソッド授業はケース教材を使い、グループ討論をおこなう学生中心の授業であり、ケース教材を事前に予習する個人学習が必要である。
- 予習では、問題を把握すること、問題発生の原因を解明すること、問題解決の対策案を立てること、問題への対策案の妥当性を検討すること、問題解決の対策を決めること、などのケース分析が求められる。
- 教職課程で使用するケース教材は、小中学校で見られる問題を扱い、教員としての実践的指導力を鍛える内容になっている。
- ケースメソッド授業では、グループ討論を通してコミュニケーション力や人間関係力などを鍛えることができる。

文献

赤井悟・柴本枝美(2014).『教師力を鍛えるケースメソッド123』ミネルヴァ書房.
安藤輝次(2009).『学校ケースメソッドで参加・体験型の教員研修』図書文化社.
百海正一(2009).『ケースメソッドによる学習』学文社.
川野司(2012a).「教職課程におけるケースメソッド授業」『九州女子大学・九州女子短期大学紀要』48巻2号, 53-70頁.
川野司(2012b).『教師のためのケースメソッドで学ぶ実践力』昭和堂.
松本享・森田夏美(2009).『わかりやすいケーススタディの進め方』照林.
マイケル・サンデル／小林正弥(2011).『サンデル教授の対話術』NHK出版.
村本芳郎(1982).『ケースメソッド経営教育論』文眞堂.
中野民夫(2011).『ワークショップ』岩波書店.
岡田加奈子・竹鼻ゆかり(2011).『教員のためのケースメソッド教育』少年写真新聞社.
坂井正廣(1979).『人間・組織・管理[新版]』文眞堂.
坂井正廣(1995).『経営学教育の理論と実践』文眞堂.
坂井正廣・吉田優治(1997).『創造するマネジャー』白桃書房.
佐藤三郎(1967).『人間関係の教授法』明治図書.
杉江修治(2011).『協同学習入門』ナカニシヤ出版.
竹内伸一(2010).『ケースメソッド教授法入門』慶応義塾大学出版会.
竹内伸一(2015).『討論授業が中学校の授業を変える〜ケースメソッドによる土佐市の学校改革〜』学事出版.
東北大学経営学グループ(2001).『ケースに学ぶ経営学』有斐閣.
安永悟(2012).『活動性を高める授業づくり』医学書院.

さらに学びたい人に

- 川野司(2013).『実践力で学ぶケースメソッド』昭和堂.
- 竹内伸一(2010).『ケースメソッド教授法入門』慶応義塾大学出版会.

索引

事項索引

【アルファベット】

MOOC	88

【あ行】

アイスブレーキング	14
アクティブラーニング	3, 4
AL型授業	4, 5
網の目構造	57
生きた知恵	55
生きた知識	56, 57
異他性	59
一斉授業形態	47, 52
後向きアプローチ	67

【か行】

カーンアカデミー	89
外化	104, 106
拡散	45
拡散的思考	51, 55
学習課題	52, 53, 58, 60, 61, 65
学習形態	47
学習サイクル	103
学習の絡み合い	64
学習法	5
課題明示	10
間主観的	61, 62, 63
基礎知識	57
帰納	54
既有知識	56, 63
教師主導	52
教授学習ユニット	17
共存の感情	58, 60
協調学習	95
共通認識	59
協同学習	3, 6
協同学習の基本要素	7
協同学習の効果	11
協同学習の定義	6
共同性の原理	58
協同的な学び	60
協同的問題解決方略	47, 51
協同の精神	8, 9
グループ学習	3
グループの編成と配置	12
クロストーク	73, 127
傾聴	15
ケーススタディ(事例研究)	127
ケースメソッド	110, 113
言語活動の充実	56
建設的相互作用	69, 74
建設的討論法	127
合意	50, 51, 61, 62, 63, 64
構造化	9, 55, 60
個人思考	10, 45, 61

コの字型座席	46	創造的理解	57

【さ行】

思考過程	46, 55
自己認識	59
収束	45, 58
収束的思考	51, 55
集団思考	10, 45, 51, 55, 64
集団的な知識	62
主観的な批評	60
授業改善	3
授業記録紙	18
授業研究	64, 65
授業通信	17
授業づくり	6, 15
授業デザイン	92, 101, 102
授業の構造化	19
主体的	46, 57, 60
事例研究	113
深化	45
シンク・ペア・シェア	10
死んだ知識	56
推論	49, 50, 51, 53
正解到達型アクティブラーニング	68
切磋琢磨	9
先行知識	49, 50, 51, 62, 63
相互開示	60
相互関連	58
相互規定関係	58, 59, 63
相互教授	73
相互交流	49, 51, 53
相互作用	46, 58, 61, 64
相互評価	98

【た行】

対話	45, 46, 47, 52, 58, 59, 60, 61, 62
対話中心授業	16
他者	50, 51, 52, 56, 59, 60, 62
他者理解	59
多様な意見	54
探究	56, 58
知識基盤	59
知識構成型	74
知識構成型ジグソー（法）	68, 127
知識体系	57
知識定着型	93, 94, 95
知的（な）学習	58, 60
転移	62, 63

【な行】

内化	105, 106
内化と外化	102
内面化	60, 62
納得解	63
認知と態度の同時学習	11
ネットワーク構造	57, 62
練り合い	64
能動的	57
能力育成型	93, 97

【は行】

柱となる問い	55, 59
幅のある合意	59
反転	90
反転授業	88

批評	58, 60
ファシリテーション	92
深い問い	53, 55
分散認知	62
文脈	49, 50, 51, 57
方略	50
本質	52, 53, 55

【ま行】

前向きアプローチ	67
学び合い	53, 64
ミラーリング	15
結びつき	57, 62
メタ認知	72
目標創出	72
目標創出型アクティブラーニング（AL）	68, 127
モニター	50, 51
問題解決	51, 56, 57
問題解決方略	52

【ら行】

ラウンドロビン	10

人名索引

今井むつみ	56
ヴィゴツキー, L. S.	60
上田薫	57
エンゲストローム, Y.	99, 103
ガブリエル・ソロモン	62
ケーガン（Kagen, S.）	8
ジョンソン, D.	7
ジョンソン, R.	7
野島久雄	56
三宅なほみ	69

執筆者紹介

安永　悟（やすなが　さとる）（編者、第1章）

関田　一彦（せきた　かずひこ）（編者、第2章、はじめに）

水野　正朗（みずの　まさお）（編者、第3章）

益川　弘如（ますかわ　ひろゆき）（第4章）
静岡大学大学院教育学研究科准教授、附属学習科学研究教育センター（RECLS）センター長、中京大学博士（認知科学）。専門は学習科学、認知科学、教育工学。教職大学院の院生、また、県内外の様々な教育関係者と共に、ICTを活用した授業や評価といった新たな学びを実現するためのデザイン研究に取り組んでいる。主な著書・論文に『21世紀型スキル―学びと評価の新たなかたち』（北大路書房、2014年、共著・編訳）、「インターネットを活用した協調学習の未来に向けて」『児童心理学の進歩』53（金子書房、2014年、共著）、「学習科学の起源と展開」『科学教育研究』38(2)（2014年、共著）、「学習科学の新展開：学びの科学を実践学へ」『認知科学』21(2)（2014年、共著）、『教育工学選書3 教育工学研究の方法』（ミネルヴァ書房、2014年、共著）など。

森　朋子（もり　ともこ）（第5章）
関西大学教育推進部教授）、大阪大学博士（言語文化学）。島根大学教育開発センター准教授を経て現職。専門は、学習研究。教育現場での実践知を理論化する基礎研究と、その理論を個別の現場にカスタマイズする応用研究を行っている。現在では、大学のみならず、高等学校、中学校もそのフィールドに。主な著書に「反転授業　知識理解と連動したアクティブラーニングのための授業枠組み」（松下佳代（編）『ディープ・アクティブラーニング』勁草書房、2015年、分担執筆）、「初年次セミナー導入時の授業デザイン」（初年次教育学会（編）『初年次教育の現状と未来』世界思想社、分担執筆）など。

川野　司（かわの　つかさ）（第6章）
九州看護福祉大学看護福祉学部社会福祉学科教授　兵庫教育大学教育学修士
福岡教育大学教育専攻修了、兵庫教育大学大学院学校教育研究科修了、福岡市立中学校教諭、福岡県教育庁指導第2部義務教育課指導主事、福岡市教育センター主任指導主事、福岡市立中学校教頭、福岡市立中学校長、九州女子大学・九州女子短期大学特任教授を経て現職。専門は学校経営・教師教育・道徳。現在の研究テーマは、主体的な学びを育てる授業、経営技能育成のためのケースメソッド、教師教育および道徳に関する基礎的研究である。主な著書『実践！学校教育入門』（昭和堂、2011年、単著）、『実践力で学ぶケースメソッド』（昭和堂、2012年、単著）、『次世代スクールリーダーのためのケースメソッド入門』（花書院、2014年、194-199頁、共著）、『教職課程シリーズ第7巻特別活動論第4章特別活動と生徒指導』（一芸社、2013年、62-74頁、共著）。

【編者紹介】

安永　悟（やすなが　さとる）（編者、第1章）
　久留米大学文学部心理学科教授（大学院心理学研究科兼任）、九州大学博士（教育心理学）。初年次教育学会会長、日本協同教育学会理事。専門は教育心理学（教授学習法・協同学習・不確定志向性と教育）と協同教育（高等教育・初年次教育・高大接続教育・教員研修プログラムの作成）。主な著書に『LTD話し合い学習法』（ナカニシヤ出版、2014年、共著）、『活動性を高める授業づくり』（医学書院、2012年、単著）、『協同学習の技法―大学教育の手引き―』（ナカニシヤ出版、2009年、監訳）、『実践・LTD話し合い学習法』（ナカニシヤ出版、2006年、単著）など。

関田　一彦（せきた　かずひこ）（編者、第2章、はじめに）
　創価大学教育学部教授、教育・学習支援センター長、イリノイ大学博士（Ph.D. in Education）。日本協同教育学会会長、初年次教育学会理事。専門は、教育心理、教育方法。とくに協同をテーマに研究と実践を行っている。主な著書に、『大学授業を活性化する方法』（玉川大学出版部、2004年、共著）、『はじめて学ぶ教育心理学』（2010ミネルヴァ書房、編著）、「意味ある学習を意識した授業デザイン」『ディープ・アクティブラーニング―大学授業を深化させるために―』（勁草書房、2015年、共著）、『授業に生かすマインドマップ』（ナカニシヤ出版、2016年、共著）、『教育評価との付き合い方』（さくら社、2016年、共著）など。

水野　正朗（みずの　まさお）（編者、第3章）
　名古屋市立桜台高等学校教諭、名古屋大学博士（教育学）。日本協同教育学会理事、「名古屋・協同の学びをつくる研究会」事務局ほか。専門は、教育方法学（授業分析）と国語教育。協同学習による学習共同体の構築に関する研究を推進している。主な著書に『協同の学びをつくる―幼児教育から大学まで』（三恵社、2012年、共著）、『授業研究と授業の創造』（渓水社、2013年、共著）など、論文著書多数。

シリーズ　第1巻
アクティブラーニングの技法・授業デザイン

| 2016年3月20日 | 初　版第1刷発行 | 〔検印省略〕 |
| 2018年1月20日 | 初　版第3刷発行 | 定価はカバーに表示してあります。 |

編者ⓒ安永悟、関田一彦、水野正朗　／発行者　下田勝司　　印刷・製本／中央精版印刷

東京都文京区向丘1-20-6　郵便振替 00110-6-37828
〒113-0023　TEL (03) 3818-5521　FAX (03) 3818-5514
Published by TOSHINDO PUBLISHING CO., LTD.
1-20-6, Mukougaoka, Bunkyo-ku, Tokyo, 113-0023, Japan
E-mail : tk203444@fsinet.or.jp　http://www.toshindo-pub.com

発行所　株式会社 東信堂

ISBN978-4-7989-1345-2 C3337　　ⓒ S. Yasunaga, I. Sekita, M. Mizuno

溝上慎一監修 アクティブラーニング・シリーズ 全7巻
2016年3月全巻刊行　　　各A5判・横組・並製

❶ アクティブラーニングの技法・授業デザイン
　安永悟・関田一彦・水野正朗編
　　　152頁・本体1600円・ISBN978-4-7989-1345-2 C3337

❷ アクティブラーニングとしてのPBLと探究的な学習
　溝上慎一・成田秀夫編
　　　176頁・本体1800円・ISBN978-4-7989-1346-9 C3337

❷ アクティブラーニングの評価
　松下佳代・石井英真編
　　　160頁・本体1600円・ISBN978-4-7989-1347-6 C3337

❹ 高等学校におけるアクティブラーニング：理論編（改訂版）
　溝上慎一編
　　　136頁・本体1600円・ISBN978-4-7989-1417-6 C3337

❺ 高等学校におけるアクティブラーニング：事例編
　溝上慎一編
　　　192頁・本体2000円・ISBN978-4-7989-1349-0 C3337

❻ アクティブラーニングをどう始めるか
　成田秀夫著
　　　168頁・本体1600円・ISBN978-4-7989-1350-6 C3337

❼ 失敗事例から学ぶ大学でのアクティブラーニング
　亀倉正彦著
　　　160頁・本体1600円・ISBN978-4-7989-1351-3 C3337

東信堂

東信堂

アクティブラーニングと教授学習パラダイムの転換	溝上慎一	二四〇〇円
大学のアクティブラーニング——3年間の全国大学調査から	河合塾編著	三二〇〇円
「学び」の質を保証するアクティブラーニング	河合塾編著	二八〇〇円
「深い学び」につながるアクティブラーニング——全国大学の学科調査報告とカリキュラム設計の課題	河合塾編著	二八〇〇円
アクティブラーニングでなぜ学生が成長するのか——経済系・工学系の全国大学調査からみえてきたこと	河合塾編著	二八〇〇円
附属新潟中式「3つの重点」を生かした確かな学びを促す授業——教科独自の眼鏡を育むことが「主体的・対話的で深い学び」の鍵となる!	新潟大学教育学部附属新潟中学校編著	二〇〇〇円
ICEモデルで拓く主体的な学び——成長を促すフレームワークの実践	柾磨昭孝	二〇〇〇円
社会に通用する持続可能なアクティブラーニング——ICEモデルが大学と社会をつなぐ	土持ゲーリー法一	二〇〇〇円
ポートフォリオが日本の大学を変える——ティーチング/ラーニング/アカデミック・ポートフォリオの活用	土持ゲーリー法一	二五〇〇円
ティーチング・ポートフォリオ——授業改善の秘訣	土持ゲーリー法一	二〇〇〇円
ラーニング・ポートフォリオ——学習改善の秘訣	土持ゲーリー法一	二五〇〇円
「主体的学び」につなげる評価と学習方法——カナダで実践されるICEモデル	S・ヤング&R・ウィルソン著 土持ゲーリー法一監訳	二〇〇〇円
主体的学び 創刊号	主体的学び研究所編	一八〇〇円
主体的学び 2号	主体的学び研究所編	一八〇〇円
主体的学び 3号	主体的学び研究所編	一六〇〇円
主体的学び 4号	主体的学び研究所編	一六〇〇円
主体的学び 5号	主体的学び研究所編	二〇〇〇円
主体的学び 別冊 高大接続改革	主体的学び研究所編	一八〇〇円
大学自らの総合力——理念とFD そしてSDD	寺﨑昌男	二〇〇〇円
大学自らの総合力Ⅱ——大学再生への構想力	寺﨑昌男	二四〇〇円
21世紀の大学:職員の希望とリテラシー	寺﨑昌男 立教学院職員研究会 編著	二五〇〇円

〒113-0023 東京都文京区向丘1-20-6　TEL 03-3818-5521　FAX03-3818-5514　振替 00110-6-37828
Email tk203444@fsinet.or.jp　URL:http://www.toshindo-pub.com/

※定価:表示価格(本体)+税

東信堂

転換期を読み解く——時評・書評集	潮木守一	二六〇〇円
大学再生への具体像——大学とは何か【第二版】	潮木守一	二四〇〇円
フンボルト理念の終焉？——現代大学の新次元	潮木守一	二五〇〇円
「大学の死」、そして復活	絹川正吉	二八〇〇円
大学教育の思想——学士課程教育のデザイン	絹川正吉	二八〇〇円
大学教育の在り方を問う	山田宣夫	二三〇〇円
大学改革の系譜：近代大学から現代大学へ	別府昭郎	三八〇〇円
大学理念と大学改革——ドイツと日本	金子勉	四二〇〇円
北大 教養教育のすべて	小笠原正明・安藤厚・細川敏幸 編著	二四〇〇円
エクセレンスの共有を目指して	大崎仁	三六〇〇円
国立大学法人の形成	天野郁夫	三六〇〇円
国立大学・法人化の行方——自立と格差のはざまで	江原武一	二六〇〇円
大学は社会の希望か——大学改革の実態からその先を読む	江原武一	三六〇〇円
転換期日本の大学改革——アメリカと日本	江原武一	三六〇〇円
大学の管理運営改革——日本の行方と諸外国の動向	杉本均 編著	三六〇〇円
大学経営とマネジメント	新藤豊久	二五〇〇円
大学戦略経営論 中長期計画の実質化によるマネジメント改革	篠田道夫	三四〇〇円
私立大学マネジメント	㈳私立大学連盟編	四二〇〇円
私立大学の経営と拡大・再編——一九八〇年代後半以降の動態	両角亜希子	四七〇〇円
30年後を展望する中規模大学	坂本和一	二〇〇〇円
大学の発想転換——体験的イノベーション論二五年	市川太一	二五〇〇円
大学のカリキュラムマネジメント マネジメント・学習支援・連携	中留武昭	三二〇〇円
戦後日本産業界の大学教育要求——経済団体の教育言説と現代の教養論	飯吉弘子	五四〇〇円
アメリカ連邦政府による大学生経済支援政策	犬塚典子	三八〇〇円
カナダの女性政策と大学	犬塚典子	三九〇〇円
大学教育とジェンダー——ジェンダーはアメリカの大学をどう変革したか	ホーン川嶋瑤子	三六〇〇円
スタンフォード 21世紀を創る大学	ホーン川嶋瑤子	二五〇〇円

〒113-0023 東京都文京区向丘1-20-6　TEL 03-3818-5521　FAX 03-3818-5514　振替 00110-6-37828
Email tk203444@fsinet.or.jp　URL:http://www.toshindo-pub.com/

※定価：表示価格（本体）＋税

東信堂

ネオリベラル期教育の思想と構造——書き換えられた教育の原理	福田誠治	六二〇〇円
アメリカ公立学校の社会史——コモンスクールからNCLB法まで	W・J・リース著 小川佳万・浅沼茂監訳	四六〇〇円
アメリカ間違いがまかり通っている時代——公立学校の企業型改革への批判と解決法	D・ラヴィッチ著 末藤美津子訳	三八〇〇円
教育による社会的正義の実現——アメリカの挑戦(1945-1980)	D・ラヴィッチ著 末藤美津子訳	五六〇〇円
学校改革抗争の100年——20世紀アメリカ教育史	D・ラヴィッチ著 末藤・宮本・佐藤訳	六四〇〇円
現代学力テスト批判——実態調査・思想・認識論からのアプローチ	北野秋男・小笠原喜康編	二七〇〇円
ポストドクター——若手研究者養成の現状と課題	北野秋男	三六〇〇円
日本のティーチング・アシスタント制度——大学教育の改善と人的資源の活用	北野秋男編著	二八〇〇円
現代アメリカの教育アセスメント行政の展開——マサチューセッツ州(MCASテスト)を中心に	北野秋男編	四八〇〇円
[増補版]現代アメリカの教育アセスメント行政の展開	北野秋男編	四八〇〇円
アメリカ公民教育におけるサービス・ラーニング	唐木清志	四六〇〇円
スタンダードに基づくカリキュラムの設計	石井英真	四六〇〇円
ハーバード・プロジェクト・ゼロの芸術認知理論とその実践——内なる知性とクリエティビティを育むハワード・ガードナーの教育戦略	池内慈朗	六五〇〇円
現代アメリカにおける学力形成論の展開		
アメリカにおける学校認証評価の現代的展開	浜田博文編著	二八〇〇円
アメリカにおける多文化的歴史カリキュラム	桐谷正信	三六〇〇円
現代教育制度改革への提言 上・下 日本教育制度学会編	日本教育制度学会編	各二八〇〇円
日本の教育をどうデザインするか	岩槻知也学会編 上田学編	二八〇〇円
現代日本の教育課題——二一世紀の方向性を探る	上田学編著	三六〇〇円
バイリンガルテキスト現代日本の教育	村田翼夫編著	三八〇〇円
人格形成概念の誕生——近代アメリカの教育概念史	山内満ほか	三六〇〇円
社会性概念の構築——アメリカ進歩主義教育の概念史	田中智志	三八〇〇円
グローバルな学びへ——協同と刷新の教育	田中智志編著	二〇〇〇円
学びを支える活動へ——存在論の深みから	田中智志編著	二〇〇〇円
社会形成力育成カリキュラムの研究	西村公孝	六五〇〇円
社会科は「不確実性」で活性化する——未来を開くコミュニケーション型授業の提案	吉永潤	二四〇〇円

〒113-0023 東京都文京区向丘1-20-6
TEL 03-3818-5521 FAX03-3818-5514 振替 00110-6-37828
Email tk203444@fsinet.or.jp URL:http://www.toshindo-pub.com/

※定価：表示価格（本体）＋税

東信堂

多様性と向きあうカナダの学校——移民社会が目指す教育	児玉奈々	二八〇〇円
カナダの女性政策と大学	犬塚典子	三九〇〇円
多様社会カナダの「国語」教育（カナダの教育3）	関口礼子編著	三八〇〇円
21世紀にはばたくカナダの教育（カナダの教育2）	浪田克之介編著	二八〇〇円
ケベック州の教育（カナダの教育1）	小林順子他編著	三八〇〇円
トランスナショナル高等教育の国際比較——留学概念の転換	杉本均編著	三六〇〇円
チュートリアルの伝播と変容——イギリスからオーストラリアの大学へ	竹腰千絵	二八〇〇円
［新版］オーストラリア・ニュージーランドの教育——グローバル社会を生き抜く力の育成に向けて	青木麻衣子・佐藤博志編著	二〇〇〇円
戦後オーストラリアの高等教育改革研究	杉本和弘	五八〇〇円
オーストラリアのグローバル教育の理論と実践	木村裕	三六〇〇円
開発教育研究の継承と新たな展開	本柳とみ子	三六〇〇円
オーストラリアの教員養成とグローバリズム	佐藤博志	三八〇〇円
多様性と公平性の保証に向けて——オーストラリア学校経営改革の研究——自律的学校経営とアカウンタビリティ	青木麻衣子	三五〇〇円
オーストラリアの言語教育政策——多文化主義における「多様性」と「統一性」の揺らぎと共存	日英教育学会編	三四〇〇円
イギリスの大学——対位線の転移による質的転換	秦由美子	五八〇〇円
統一ドイツ教育の多様性と質保証——日本への示唆	坂野慎二	二八〇〇円
ドイツ統一・EU統合とグローバリズム——教育の視点からみたその軌跡と課題	木戸裕	六〇〇〇円
教育における国家原理と市場原理——チリ現代教育史に関する研究	斉藤泰雄	三八〇〇円
中央アジアの教育とグローバリズム	川嶺辺敏子編著	三三〇〇円
インドの無認可学校研究——公教育を支える「影の制度」	小原優貴	三三〇〇円
タイの人権教育政策の理論と実践——人権と伝統的多様な文化との関係	馬場智子	二八〇〇円
バングラデシュ農村の初等教育制度受容	日下部達哉	三六〇〇円
マレーシア青年期女性の進路形成	鴨川明子	四七〇〇円
東アジアにおける留学生移動のパラダイム転換——大学国際化と「英語プログラム」の日韓比較	嶋内佐絵	三六〇〇円

〒113-0023 東京都文京区向丘1-20-6 TEL 03-3818-5521 FAX03-3818-5514 振替 00110-6-37828
Email tk203444@fsinet.or.jp URL:http://www.toshindo-pub.com/

※定価：表示価格（本体）＋税